Felix Joël

Joel Lupold III Von Bebenburg

Felix Joël

Joel Lupold III Von Bebenburg

ISBN/EAN: 9783743334908

Hergestellt in Europa, USA, Kanada, Australien, Japan

Cover: Foto ©ninafisch / pixelio.de

Manufactured and distributed by brebook publishing software (www.brebook.com)

Felix Joël

Joel Lupold III Von Bebenburg

Lupold III von Bebenburg
Bischof von Bamberg.

Teil I.
Sein Leben.

INAUGURAL-DISSERTATION

ZUR

ERLANGUNG DER PHILOSOPHISCHEN DOKTORWÜRDE

VERFASST UND
MIT GENEHMIGUNG DER PHILOSOPHISCHEN FAKULTÄT
DER VEREINIGTEN FRIEDRICHS-UNIVERSITÄT
HALLE-WITTENBERG
AM 17. OKTOBER 1891, MITTAGS 12 UHR
SAMT DEN THESEN

ÖFFENTLICH ZU VERTEIDIGEN

VON

Felix Joël
AUS ZANKENCZIN.

OPPONENTEN:
Drd. phil. EMIL ELSTE
Cand. hist. ERNST SCHLEE

HALLE a. d. S.
DRUCK VON OTTO HENDEL.
1891.

Im Laufe des 13. Jahrhunderts war das Papsttum dem schon seit langer Zeit von ihm erstrebten Ziele, der Herrschaft des apostolischen Stuhles über alle christlichen Staaten des Abendlandes, wenigstens um ein beträchtliches Stück näher gekommen. Abgesehen von der unbedingten Autorität in Glaubensangelegenheiten und der ausgedehnten Gewalt über die Geistlichkeit, die sich die Päpste in allen abendländischen Staaten zu erringen gewusst hatten, war es ihnen in einzelnen derselben bis zu einem gewissen Grade auch geglückt, eine Oberhoheit über das Königtum zu erlangen. So war es auch in Deutschland, hauptsächlich infolge der unglücklichen Einrichtung des Wahlkönigtums, dazu gekommen, dass mehrmals bei zwiespältigen Wahlen einer der zu Königen Erkorenen oder auch beide selbst den Papst als Schiedsrichter angerufen hatten. Später erklärte dann unter der Regierung Ludwigs des Bayern Johann XXII. sogar, dass es dem Papst von rechtswegen zukomme, einen jeden neugewählten König von Deutschland zu bestätigen. Jetzt regte sich jedoch zum ersten Male dort die Opposition gegen diese übertriebenen Ansprüche der römischen Kurie, und durch die etwas später erfolgten Beschlüsse des Kurvereins zu Rense und des Frankfurter Reichstags von 1338 wurden dieselben fest und energisch zurückgewiesen. Es fanden sich aber auch eine Reihe von Gelehrten, die durch Streitschriften die Sache des deutschen Königtums und des eng mit demselben verbundenen römischen Kaisertums gegenüber dem päpstlichen Stuhle verfochten. Der grösste Teil derselben war jedoch von ausländischer Herkunft, und auch unter den wenigen Deutschen, die jene Sache zu verteidigen unternahmen, gab es nur einen, der in seinen Schriften eine wirklich patriotische Gesinnung bewies und zugleich ein für jene Zeit wissenschaftlich bedeutendes Werk auf diesem Gebiete lieferte.[1] Dies war der Prälat Lupold von Bebenburg, der später in Bamberg die Bischofswürde erlangte. Aus den eben angeführten Gründen erscheint es daher wohl von Interesse, ausser den Schriften auch den Lebenslauf dieses Mannes kennen zu lernen, zumal da derselbe im ganzen ein recht ehrenvoller und erfreulicher gewesen ist. Es soll daher im folgenden zunächst das Leben Lupolds geschildert und seine Werke an passender Stelle nur kurz angeführt werden, indem dann eine genauere Besprechung derselben einem zweiten Teile dieser Arbeit vorbehalten bleibt.

Lupold wurde am Ende des 13. Jahrhunderts im Orte Bebenburg (dem jetzigen Bemberg an der Brettach, bei dem gleichnamigen, zum heutigen württembergischen Oberamt Weinsberg gehörigen Orte Klein-Brettach) geboren.[2] Hier besass seine Familie eine Burg,[3] mit der zugleich eine gleichnamige Herrschaft verbunden war, nach der sie sich demnach die Familie der Herren von Bebenburg nannte. Sie bildete eine Seitenlinie des damals, hauptsächlich in Franken, weitverbreiteten Geschlechts der Küchenmeister von Rothenburg und Nortenberg.[4] — Das Vorkommen Lupolds können wir mit Sicherheit zum ersten Male in einer Urkunde des Jahres 1312 nachweisen, in der ein Lupold von Bebenburg, noch ohne jeden Titel, wie es ja auch für unseren späteren

---

[1] Vgl. Riezler, Die litterarischen Widersacher der Päpste u. a. 160 und Müller, Der Kampf Ludwigs des Bayern mit der römischen Kurie II. 84.

[2] Vgl. Auszug aus dem Kalendar der Eccl. Cathed. in Bamberg (7. Bericht des hist. Vereins zu Bamb. 279).

[3] Vgl. Urkunde Karls IV. in Bezug auf die Feste Bebenburg vom 22. Nov. 1360 (Reg. Boica. IX. 26).

[4] S. Bensen, Hist. Untersuchungen über Rothenburg 432 u. 447 (Anm. 19 zu Tab. VIII). — Aus mehreren Quellen (Lupold nennt sich selbst in seinem „Dictamen de modernis cursibus etc." (Böhmer Font. I) 484 einen Ministerialen des römischen Reiches, ebenso wird sein Bruder Rudolf von Bebenburg in einer Urkunde vom 22. Jan. 1346 (Reg. Boica VIII 60) als „des Reiches Dienstmann" bezeichnet; vgl. Beitr. zur Gesch. der Herren von Bebenburg u. a. in: Zeitschr. des hist. Ver. f. wirtemb. Franken H. IV S. 111) ersehen wir, dass diese Familie zu jener Zeit dem Reichsministerialenstande angehörte. Zugleich aber wird uns durch eine allerdings nicht ganz zuverlässige Quelle (Hoffmanni Annal. Bamb. bei Ludewig Scr. Bamb. I 161, vgl. Ussermann Episc. Bamb. 151 und Erhard in der Encykl. von Ersch und Gruber VIII 281) berichtet, dass ihre Hauptbesitzung Bebenburg seit 1243 ein Lehen des Bistums Bamberg war.

Bischof passt, als Siegler bei der Bestätigung eines Verkaufes an das westlich von Bamberg gelegene Kloster Ebrach auftritt.[1]

Dem Namen unseres Bebenburgers begegnen wir zwar schon früher, in den Jahren 1297 und 1298, unter den Studierenden der Universität Bologna. Doch erscheint diese Angabe sehr unsicher, besonders im Hinblick darauf, dass er, wie weiter unten noch zu erwähnen ist, noch 19 Jahre später, nämlich im Prokuraturjahre 1316/17,[2] von neuem dort immatrikuliert wird und dass wir ihn dann sogar noch in den Jahren 1321 und 1322 auf dieser Universität anwesend finden. Die Annahme, dass hier ein Irrtum vorliegt, scheint auch dadurch bestätigt zu werden, dass der Name Bebenburg an jene Stelle der Universitätsakten erst von einer Hand des 15. Jahrhunderts gesetzt worden ist. — Wohl aber finden wir Lupold zum ersten Male in zuverlässiger Weise im Prokuraturjahre 1314/15 unter den neu aufgenommenen Studenten genannt. Bald darauf muss er sich für einige Zeit von der Universität entfernt haben; denn zwei Jahre später, im Prokuraturjahre 1316/17, wurde er, wie schon oben erwähnt, von neuem in Bologna immatrikuliert. Inzwischen war er zugleich Domherr in Würzburg geworden, und dies war also, soweit es sich nachweisen lässt, die erste kirchliche Würde, die er bekleidet hat. Was nun seinen ferneren Aufenthalt auf der Universität betrifft, so ist er jedenfalls noch eine Reihe von Jahren dauernd dort geblieben; denn es wird uns nicht weiter berichtet, dass er später noch einmal von neuem immatrikuliert worden wäre, dagegen wurde er noch im Prokuraturjahre 1321/22 mit einem gewissen Heinrich Viselarius zusammen als Vertreter der deutschen Nation der Universität zu den Rektoren gesandt, die sich damals in Imola bei Ravenna aufhielten; die Ausgaben, die den beiden Abgesandten aus dieser Reise erwuchsen, wurden ihnen später von ihrer Nation vergütet. Im Anfange des Jahres 1322 wurde Lupold ferner mit demselben Viselarius und noch drei anderen zusammen von der deutschen Nation zum Syndicus gewählt. Als solche hatten diese Beamten von den beiden Vorstehern, deren Amtsjahr um diese Zeit verflossen war, die Rechenschaftsablegung entgegenzunehmen. Zu diesem Zwecke

---

[1] Reg. Boica V, 225.
[2] Die Amtsdauer der jährlich neugewählten Prokuratoren, der Vorsteher der deutschen Nation auf der Universität, reichte damals von einem Sonntag nach Epiphaniä bis zu dem des nächsten Jahres.

von dem übrigen Inhalt des Briefes, auch Lupold dem Papst Johann XXII empfiehlt. Es ist jedoch möglich, dass der Bebenburger schon vor dem Erlass dieses Schreibens in dem zu den Besitzungen seiner Familie gehörigen Orte Gammesfeld[1] die Pfarrei besessen hat; denn in einer späteren Urkunde vom 12. November 1326 erteilt Papst Johann XXII ihm Dispens dafür, dass er diese Pfarrei eine zeitlang ohne die höheren Weihen besessen habe, wobei er ihm zugleich als Busse hierfür die Pflicht auferlegt, die aus dieser Pfründe fliessende Einnahme von zwei Jahren an den Bischof Petrus von Palestrina zur Hilfe gegen die Ketzer in der Lombardei zu zahlen.[2] Hierdurch wird es auch sehr wahrscheinlich, dass Lupold auch seine Würzburger Domherrnwürde, die er ja schon, wie früher (S. 4) erwähnt, 1316 oder 1317 innehatte, wenigstens eine Anzahl von Jahren in ungesetzlicher Weise besessen hat; denn auch von einem Domherrn wurde nach den Synodalgesetzen verlangt, dass er wenigstens das Subdiakonat, die unterste der 3 höheren Weihen, erworben hatte, ehe er sein Kanonikat übernahm.[3] — Es ist ferner leicht möglich, dass Lupold auch in Mainz schon einige Zeit vor dem Erwerb dieses Subdiakonats Domherr gewesen ist. Bestimmt als solcher nachweisbar ist er hier zuerst, wie schon früher erwähnt, ebenfalls 1325, und zwar kommt er in einer Urkunde aus diesem Jahre vor, in der ein Zeugenverhör wegen der Frage vorgenommen wird, ob dem Kapitel der bei Mainz gelegenen Kollegiatkirche von St. Victor das Recht zustehe, sich selbst einen Propst zu wählen.[4] Ferner zwei Jahre darauf (1327) in derselben Würde in einer Urkunde des Erzbischofs Mathias von Mainz, durch die derselbe dem Kloster Reinhardsbrunn die Kirche in Bollstädt einverleibte. Lupold soll damals die übrigen Domherren in Mainz bewogen haben, ihre

---

[1] S. Bensen a. a. O. Tab. VIII No. 19.]

[2] Päpstl. Urkunden und Regesten, die Prov. Sachsen betr. (Geschichtsquellen der Prov. Sachsen XXI) 188.

[3] Vgl. Herzog, Real-Encyklopädie VII 324. — Die einzige Möglichkeit, dass Lupold die Würzburger Domherrnwürde niemals in unrechtmässiger Weise besessen hätte, wäre nur dadurch gegeben, dass er schon vor dem Jahre 1316 die Pfarrei in Gammesfeld inne gehabt und etwa in diesem Jahre, noch vor der Erlangung jener Domherrnwürde, das Subdiakonat erworben hätte.

[4] Joannis Rer. Mogunt. II. 340.

Zustimmung zu dieser Verfügung zu geben; was ihn hierzu veranlasst hat, ist aus der Urkunde nicht ersichtlich.[1]

Hier in Thüringen bekleidete Lupold zu jener Zeit schon ebenfalls eine Würde, nämlich die Propstei des St. Severinstiftes in Erfurt. Zuerst kommt er im Besitz dieser Pfründe in einer Urkunde vom 3. November 1326 vor, in der der schon vorhin genannte Erzbischof Mathias von Mainz einen Rechtsstreit zwischen der Kollegiatkirche in Aschaffenburg und drei Brüdern aus dem Rittergeschlechte der Schelme schlichtet. In diesem Prozess war Lupold vom Erzbischof mit dem Ritter Konrad Rude zusammen mit dem Zeugenverhör beauftragt worden und erscheint in der Urkunde selbst als Zeuge für die Gültigkeit des Urteils.[2] — Aber erst 10 Tage darauf, am 13. November jenes Jahres, nachdem ihm der Papst erst einen Tag vorher den früher erwähnten Dispens wegen des ungesetzlichen Besitzes der Pfarrei in Gammesfeld erteilt hatte, beauftragte derselbe den Propst von Bingen, den Domdechanten in Mainz und den Mailänder Canonicus Ambrosius, Lupold in die Propstei von St. Severi in Erfurt einzuführen.[3] Diese nachträgliche Einführung von seiten des Papstes lässt sich nur dadurch erklären, dass Lupold bereits vor dem 3. November vom Kapitel des St. Severinstiftes zum Propst gewählt worden war. Nach dem im allgemeinen um diese Zeit geltenden kirchlichen Gewohnheitsrecht[4] hätte nun seine Einführung durch den Erzbischof von Mainz erfolgen müssen; es waren also entweder in den Statuten jenes Stiftes besondere Bestimmungen hierfür getroffen, oder der Papst hat hier wiederum in willkürlicher Weise in die Rechte der Diözesangeistlichkeit eingegriffen, wie es in jener Zeit ja allerdings sehr häufig vorkam. — Aus der zuletzt erwähnten päpstlichen Urkunde ersehen wir zugleich, dass Lupold wenigstens bei Abfassung derselben schon das Subdiakonat erworben hatte; denn er wird in ihr auch als Subdiakon bezeichnet. Lupolds Thätigkeit als Propst in Erfurt muss jedoch im ganzen nur eine geringe gewesen sein (da er jedenfalls schon anderweitig, besonders durch die Verwaltung der verschiedenen Ämter, die er in der

---

[1] Kurzer Auszug der Urkunde bei Tenzelius Suppl. II. ad Sagittarii Hist. Gothan. § 41 S. 104.
[2] Guden, Cod. dipl. Magunt. III. 249.
[3] Päpstl. Urkunden u. a. (Geschichtsquellen der Prov. Sachsen XXI) 188.
[4] Vgl. Schneider, Die bischöflichen Domkapitel 108.

Würzburger Diözese bekleidete und die im folgenden noch weiter zu besprechen sind, stark in Anspruch genommen war) oder sie war doch eine solche, dass sie sich nur selten durch öffentliche Aktenstücke kundgab; denn im Besitze dieser Propstei treffen wir Lupold sonst nur noch einmal eine Reihe von Jahren später an, wo er besondere Aufträge des Papstes und des damaligen Mainzer Erzbischofs in diesen Gegenden zu erfüllen hatte.

Dagegen sind uns von seiner Thätigkeit im Kirchensprengel von Würzburg bis zu seiner späteren Bischofswahl noch zahlreiche Zeugnisse erhalten. Hier muss er zwischen 1325[1] und Ende März 1328 zu der Domherrnwürde auch noch die eines Archidiakons erlangt haben; denn in einem an ihn gerichteten Erlass vom 21. März 1328 erklärt Papst Johann XXII, obwohl Lupold schon ein Kanonikat in Würzburg und Archidiakonat daselbst sowie die Propstei von St. Severi in Erfurt besitze, so wolle er ihm dennoch gestatten, eventuell noch ein weiteres ihm übertragenes Kirchenamt zu übernehmen..[2] Hieraus ersehen wir zugleich, dass Lupold schon damals mindestens vier Pfründen vereinigte, obwohl er nach den Kirchengesetzen nicht mehr als zwei hätte besitzen dürfen; denn zu den in dieser Urkunde angeführten drei Würden ist doch auf jeden Fall noch das Kanonikat in Mainz hinzuzufügen, das Lupold auch noch in der späteren Zeit besass. — Zum zweiten Male erscheint er als Archidiakon im Würzburger Kirchensprengel in einer Urkunde vom 24. März des folgenden Jahres (1329), in der sein Bruder Rudolf von Bebenburg und dessen Frau Petronella mit seiner Zustimmung das Patronatsrecht über die Kirche in Gammesfeld, an der Lupold, wie wir gesehen haben, eine zeitlang selbst Pfarrer gewesen ist, dem Ordenshause der Johanniter in Rothenburg schenken.[3]

---

[1] Vgl. die Würzburger Urkunde aus diesem Jahre S. 6 ff.
[2] Päpstliche Urkunden u. a. Geschichtsquellen der Provinz Sachsen XXI. 215.
[3] Reg. Boica VI 286. — Der spezielle Archidiakonatsbezirk Lupolds lässt sich aus den hierbei in Betracht kommenden Urkunden nicht ermitteln, zumal da er in den lateinischen niemals weder „Archidiaconus maior" noch „Archidiaconus ruralis", sondern immer nur „Archidiaconus ecclesie Herbipolensis" oder „ecclesie maioris Herbipolensis", wie alle anderen Archidiakonen der Diözese, genannt wird. — Die Bezeichnung „Erzpriester", die Lupold in vielen deutschen Urkunden beigelegt wird, scheint in diesen mit der Bezeichnung „Archidiaconus" in den lateinischen Urkunden iden-

Betrachten wir zunächst Lupolds fernere Thätigkeit in den allgemeinen Angelegenheiten des Würzburger Domkapitels und des ganzen Bistums, so sehen wir, dass er an vielen wichtigen Vorgängen, die dieselben berühren, Anteil gehabt hat. — Zuerst finden wir ihn nach dieser Richtung hin an der zwiefachen Bischofswahl des Jahres 1333 beteiligt. Nachdem nämlich am 6. Juli dieses Jahres der Bischof Wolfram gestorben war, liess Kaiser Ludwig, um auf diese Weise noch grössere Macht im Reiche zu gewinnen, das Domkapitel auffordern, dass es seinen Kanzler Hermann von Lichtenberg zum Bischof wählen sollte. Kurz darauf wurde vom Kapitel zur Neuwahl der 30. Juli festgesetzt, und als sich dasselbe an diesem Tage hierzu versammelte, wurde zunächst beschlossen, eine Wahl durch ein Skrutinium vorzunehmen. Unter den 3 Vertrauensmännern aber, die aus der Mitte des Kapitels gewählt wurden, um die versiegelten Stimmzettel einzusammeln und den Inhalt derselben aufzuzeichnen, befand sich auch Lupold. Am Schluss ergab sich aus ihren Wahllisten, dass 6 Domherren, unter ihnen auch die beiden anderen jener Vertrauensmänner ausser Lupold, ihrem bisherigen Genossen im Domkapitel, dem Archidiakon Otto von Wolfskehl, ihre Stimme gegeben hatten. Alle übrigen an der Wahl beteiligten Kanoniker dagegen, zu denen also auch Lupold zählte, hatten dem Wunsche des Kaisers gemäss seinen Kanzler gewählt. Die Anhänger Ottos sandten kurz nach ihrer Wahl ein Schreiben an den Erzbischof Balduin von Trier, den damaligen Verweser des Erzstifts Mainz, und das Mainzer Domkapitel, um dieselben um die Bestätigung des von ihnen erhobenen Bischofs zu bitten. Ein ähnliches Schreiben richteten auch die Domherren der Gegenpartei an jenen Erzbischof und setzten es, besonders infolge der Fürsprache des Kaisers, thatsächlich durch, dass Hermann am 23. November von Balduin in seiner neuen Würde bestätigt wurde. Dagegen providierte der Papst Johann XXII., der natürlich einen Anhänger des Kaisers nicht auf dem Bischofsstuhle dulden wollte, noch in demselben Jahre am 2. Dezember Otto von Wolfskehl zum Bischof von Würzburg. So geschah es, dass auch dieses Hochstift von dem grossen, nun

---

tisch zu sein, da in den ersteren Lupold niemals als Archidiakon und andererseits in den lateinischen Urkunden niemals als Archipresbyter vorkommt, obwohl dies doch die eigentliche Uebersetzung für Erzpriester und das letztere Amt von dem des Archidiakons durchaus verschieden ist.

schon seit einer Reihe von Jahren von neuem entbrannten Streit zwischen Papsttum und Kaisertum in Mitleidenschaft gezogen wurde. Da nämlich der grösste Teil der Geistlichkeit und der weltlichen Bevölkerung der Würzburger Diözese Hermann als dem rechtmässig gewählten Bischof anhing, so belegte bald darauf derselbe Papst, nach vorhergegangener vergeblicher Abmahnung, den ganzen Kirchensprengel von Würzburg mit dem Interdikt, das Domkapitel mit Suspension, alle einzelnen Einwohner des Sprengels, sowohl geistlichen wie weltlichen Standes, die Hermann anhingen, mit dem Bann, was Bischof Otto seinerseits noch durch ähnliche Verfügungen verschärfte. Auf diese Weise muss auch Lupold von allen diesen drei geistlichen Strafen betroffen worden sein. — Im Jahre 1335 aber erhielt er vom Würzburger Domkapitel ein noch wichtigeres Vertrauensamt als bei jener früheren Bischofswahl. Als nämlich nach dem Tode Hermanns von Lichtenberg der Bischofsstuhl einstweilen erledigt war, ernannte das Domkapitel am 21. Juli dieses Jahres wiederum einen Ausschuss von vier Mitgliedern aus seiner Mitte zur einstweiligen Leitung der weltlichen Angelegenheiten des Bistums, und in diesen Ausschuss wurde auch Lupold gewählt. Die vier Domherren erhielten in weltlicher Hinsicht eine sehr ausgedehnte Machtbefugnis. Diese provisorische Regierung sollte am 25. Juli desselben Jahres ihren Anfang nehmen und von da ab ein, bezw. auch zwei Jahre dauern, wenn nicht inzwischen eine einheitliche Neuwahl eines Bischofs erfolgt wäre.

Aber schon am 30. August desselben Jahres gelang es Otto von Wolfskehl, die Huldigung von seiten der Würzburger Bürgerschaft zu erlangen. Mit den Domherren jedoch, die früher Hermann von Lichtenberg zum Bischof gewählt hatten, scheint er sich noch immer nicht haben verständigen zu können; denn er geriet noch einmal mit einer Anzahl von Kapitularen wegen verschiedener Angelegenheiten in Streit, zu dessen Ausgleichung am 7. September noch einmal ein Schiedsgericht ernannt wurde. Dies ist wahrscheinlich auch mit ein Grund dafür gewesen, dass Otto erst am 7. Dezember endgültig vom Domkapitel als Bischof anerkannt wurde. Spätestens mit diesem Termin hat dann jedenfalls auch jene provisorische Regierung, deren Mitglied auch Lupold gewesen war, ihr Amt niedergelegt. In den der Anerkennung des Bischofs vorausgegangenen Streitigkeiten desselben mit dem Domkapitel hat der Bebenburger weiter keine hervorragende Rolle gespielt. Im Anfange des Jahres 1337 liess dann der Papst Benedikt XII. die ganze früher zu Kirchenstrafen verurteilte Bevölkerung der Würzburger Diözese, nachdem sie sich so dem von seinem Vorgänger providierten Bischof unterworfen und er Hermann nicht mehr als Stütze der kaiserlichen Partei im Reiche zu fürchten hatte, von jenen Kirchenstrafen freisprechen. Der Kaiser Ludwig bemühte sich schon seit 1335 ebenfalls, mit Otto und seinem Stift in gutem Einvernehmen zu bleiben; aber obwohl sich der erstere unmittelbarer feindseliger Handlungen gegen ihn enthielt und sogar einmal an einer Kundgebung zugunsten Ludwigs teilnahm, so stand er doch im allgemeinen in dem noch immer fortdauernden Kampfe zwischen Kaiser und Papst während seiner ganzen Regierungszeit auf seiten des letzteren, und hierin hat sich ihm wahrscheinlich auch der grösste Teil seines Klerus angeschlossen. Lupold verharrte jedoch, wie man namentlich aus seinen später noch anzuführenden Schriften ersieht, in seiner kaiserfreundlichen Gesinnung, die er ja schon durch seine Haltung bei der vorhin geschilderten Bischofswahl offenbart hatte.[1]

Was nun seine Thätigkeit in lokalen Angelegenheiten des Würzburger Kirchensprengels während der eben geschilderten Vorgänge betrifft, so finden wir ihn in demselben in einer Urkunde vom 10. Juni 1332 zum ersten Male auch als Offizial.[2] Als solcher hatte er im Auftrage des Bischofs in bestimmten Ange-

---

[1] Ueber diese Bischofswahl sowie über die hierauf folgenden Vorgänge bis zur Aufhebung der Kirchenstrafen s. Mon. Boica XXXIX 510, 559; XL 7, 52, 84, 94, 123, 131, 132, 135; Michael de Leone (Böhmer Font. I) 456; Abhandl. der München. Akad. Hist. Kl. XVII, 1, 330 u. 333; vgl. auch Fries, Historie von Würzburg (bei Ludewig, Geschichtsschreiber von Würzb.) 618—620. Die Nachrichten über das Eingreifen des Kaisers Ludwig in die hier besprochenen Angelegenheiten finden sich ausser in neueren Darstellungen (s. besonders Stein, Geschichte Frankens 337 und 338, Allgem. deutsche Biogr. XXIV 736 ff.; nur in dieser erst aus dem 16. Jahrhundert stammenden Quelle, so besonders auch nur hier eine genauere Angabe über die Bestätigung Hermanns durch den Erzbischof Balduin aufgrund der Fürsprache des Kaisers (Fries a. a. O. 618). Diese Nachricht wird jedoch ausserdem glaubhaft gemacht durch ein päpstliches Schreiben vom 11. April 1336 (Mon. Boica XL 52 ff.), in dem es heisst: „Hermannus de Lythenberg se in episcopum Herbipolensem de facto eligi et confirmari procuravit, civitates, castra etc. — episcopatus Herbipolensis — occupando."

[2] Reg. Boica VII. 17.

legenheiten, deren Entscheidung ihm von demselben anvertraut war, in dem ihm von jenem zugewiesenen Gebiet die bischöfliche Gerichtsbarkeit auszuüben, während er als Archidiakon sowohl richterliche wie Verwaltungsfunktionen hatte, aber hierin vom Bischof viel unabhängiger war.[1] Als Inhaber beider Ämter kommt er nun auch in dieser Zeit schon in mehreren Urkunden vor, die sich auf lokale Angelegenheiten beziehen. So bildet die vorhin erwähnte Urkunde vom 10. Juni 1332 einen Vertrag zwischen mehreren Gliedern der Familie der Herren von Hohenlohe über die Verleihung des ihnen gehörigen Patronatsrechts über die Kirche in Holzhausen. Am 30. November 1336 wurde Lupold ferner vom deutschen Hause zu Rothenburg und der dortigen Stadtgemeinde mit zwei anderen zusammen zum Schiedsrichter in einem zwischen den beiden ersteren ausgebrochenen Streite erwählt und wird in der hierüber ausgestellten Urkunde ebenfalls Offizial zu Würzburg genannt; zu diesem Schiedsrichteramte ist er jedoch auf jeden Fall freiwillig von den streitenden Parteien ausersehen worden, so dass wir hier also kein Zeugnis seiner Amtsthätigkeit haben.[2] Einen gleichen privaten Charakter trägt auch eine Urkunde von 1336 (ohne weiteres Datum), durch die ein gewisser Konrad von Schwanfeld und dessen Frau an Lupold, der hier Domherr und Archidiakon zu Würzburg genannt wird, und einen anderen Würzburger Domherrn einige Güter verkaufen.[3]

Während der letzten Jahre war aber auch in der Diözese von Mainz ein ähnlicher Zwiespalt infolge der gleichzeitigen Berufung zweier Oberhäupter entstanden wie der früher geschilderte im Hochstift Würzburg. Nach dem am 10. September 1328 erfolgten Tode des Erzbischofs Mathias setzte nämlich Papst Johann XXII. am 11. Oktober den Bonner Propst Heinrich von Virneburg zum Erzbischof ein, wozu ihn wohl hauptsächlich der Umstand be-

---

[1] In welchen Angelegenheiten sowie in welchem Gebiet Lupold als Offizial die Gerichtsbarkeit auszuüben hatte, lässt sich aus den Urkunden ebenso wenig ermitteln wie sein Archidiakonatsbezirk (vgl. S. 7 Anm. 3), da 1. (nach Schneider, Domcapitel 173 Anm. 4) es im Belieben des Bischofs lag, wie weit sich der Geschäftskreis der Offizialen erstrecken sollte 2. es in jeder Diözese einen Offizial für das ganze Gebiet derselben und ausserdem für jeden einzelnen Archidiakonatsbezirk einen besonderen Officialis foraneus gab, in den Würzburger Urkunden aber die Offizialen alle gleichmässig „Officialis curie Herbipolensis" oder ähnlich genannt werden.

[2] Bensen a. a. O. 517.
[3] Mon. Boica XL. 101.

stimmte, dass derselbe zu den Gegnern Ludwigs des Bayern gehörte. Das Domkapitel dagegen verwarf Heinrich (der in der Reihe der Mainzer Erzbischöfe als Heinrich III. gerechnet wird) einstimmig und berief den Erzbischof Balduin von Trier, einen entschiedenen Anhänger Ludwigs, zum Verweser des Erzstifts, der diese Wahl thatsächlich annahm. Bei diesem so mächtigen und einflussreichen Bistum war es nun noch wichtiger als bei dem von Würzburg, ob ein Anhänger des Papstes oder des Kaisers dasselbe gewann. Aber hier entschied sich das Glück ebenfalls rasch für den letzteren; denn ausser dem Domkapitel schloss sich auch die Mehrheit der übrigen Geistlichkeit sowie der weltlichen Bevölkerung des Kirchensprengels an Balduin an, und dieser gelangte daher bald in den Besitz des grössten Teiles desselben. Johann XXII. aber wandte nun auch hier, um dem von ihm eingesetzten Prälaten dennoch die Anerkennung zu verschaffen, dieselben Mittel an wie einige Jahre später im Bistum Würzburg. Als die auf seiten Balduins stehenden Geistlichen gemeinsam bei ihm gegen die Ernennung Heinrichs von Virneburg einen Protest einlegten, berief er sich darauf, dass der päpstliche Stuhl sich die Besetzung der Erzbischofswürde von Mainz selbst vorbehalten habe, und nachdem er das Domkapitel noch einmal vergeblich aufgefordert hatte, sich Heinrich von Virneburg zu unterwerfen, sprach er über alle Geistlichen und daher wahrscheinlich auch über die weltlichen Einwohner der Diözese, die zu der Partei des Erzbischofs Balduin hielten, den Bann aus, während zugleich auch Heinrich III. über seine Gegner Kirchenstrafen verhängte. Jene Bannflüche des Papstes haben, nach den oben erwähnten Vorgängen zu schliessen, ohne Zweifel auch Lupold wiederum mit betroffen. Aber auch mit weltlichen Waffen bekämpften sich die beiden Parteien lange Zeit in der heftigsten Weise. Mit dem Papste kam Balduin inzwischen, hauptsächlich infolge dieses Widerstandes gegen den Provisen desselben, ebenfalls in ein immer gespannteres Verhältnis, während er sich um so enger an den Kaiser Ludwig anschloss. Als aber Johann XXII. 1334 gestorben war und sein Nachfolger Benedikt XII. endlich ernstere Massregeln zugunsten Heinrichs von Virneburg ergriff, gab Balduin schliesslich, um nicht gänzlich mit ihm zu brechen, seinem Willen nach und übergab ihm am 12. November 1336 die Regierung des Erzstifts, soweit er dasselbe innehatte. Der Papst schickte hierauf zwei Le-

gaten nach Mainz, damit dieselben dem dortigen Streit vollständig
ein Ende machen und, bis dies geschehen sei, einstweilen in seinem
Namen die Verwaltung der Diözese ausüben sollten. Diese Legaten brachten in der That eine Einigung in derselben dahin zustande, dass Heinrich von Virneburg vom Domkapitel und im
ganzen westlichen Teil des übrigen Kirchensprengels als Erzbischof
anerkannt wurde. Zugleich trat derselbe jetzt zur Partei Ludwigs
des Bayern über, da er meinte, sich nur hierdurch behaupten zu
können; das letztere wohl hauptsächlich deshalb, weil noch immer
die Mehrzahl der Einwohner seines Sprengels auf seiten des Kaisers
stand. Dieser gewährte ihm daher ebenfalls von seiner Seite die
Anerkennung. Ferner liess der Papst auch die Heinrich III. bisher feindlichen Kleriker dieser Gebiete, zu denen ja auch Lupold
gehörte, durch einige andere Kommissarien am 25. Oktober 1337
von den durch seinen Vorgänger über sie verhängten Kirchenstrafen freisprechen. Nachdem so Lupold selbst früher gegen den
Erzbischof Heinrich feindlich aufgetreten war, sandte derselbe bald
darauf ihn, ferner Konrad von Spiegelberg, einen Chorherrn der
Kollegiatkirche zu Aschaffenburg, und seinen eigenen Bruder nach
Erfurt mit dem Auftrage, nun auch in den thüringischen Gebieten
der Diözese den Teil der Geistlichkeit, der ihm noch widerstrebte,
für ihn zu gewinnen und die gesamten dortigen Kleriker wieder
in ein gegenseitiges gutes Einvernehmen zu bringen. Zugleich
erhielten diese Kommissarien vom Papst und daher wahrscheinlich auch von Heinrich III. Vollmacht, die bisher mit dem letzteren in Feindschaft stehenden Geistlichen dieser Gegenden, wenn
sie denselben als Erzbischof anerkennen würden, ebenfalls von den
Kirchenstrafen freizusprechen. Sie lösten die ihnen so gewordenen
Aufgaben vollständig: auch in diesem östlichen Teile des Mainzer
Sprengels wurde in kurzem infolge ihrer Einwirkung Heinrich III.
von allen Geistlichen anerkannt und hierdurch zugleich eine vollständige Versöhnung derselben unter einander zustande gebracht;
infolge dessen erhielten alle diejenigen, die während des Streites
Pfründen und geistliche Ämter verloren hatten, dieselben wieder.
Hierauf erteilten die Kommissarien auch den früheren Gegnern
Heinrichs Absolution von ihren Kirchenstrafen. Lupold und Konrad
von Spiegelberg richteten ferner noch am 27. Dezember im Auftrage Heinrichs III. eine besondere Mahnung an die Pfarrer dieser
Gegenden, den Dominikanern, deren freies Recht der Predigt und

Seelsorge bisher von den ersteren häufig missachtet worden war, diese Rechte in ihren Pfarrsprengeln in vollem Masse einzuräumen und auch der Bevölkerung gegenüber die Interessen derselben wahrzunehmen.[1]

Bald nach dem Frankfurter Reichstage von 1338 war es, dass Lupold seine bedeutendste Schrift, „De iure regni et imperii" ver-

---

[1] Ueber diesen Zwiespalt im Mainzer Sprengel und Lupolds Sendung nach Erfurt s. Chron. Sampetrinum (Geschichtsquellen der Prov. Sachsen I) 166, 173 und 174; Urkundenbuch von Mühlhausen, Ibid. III) 438; Guden Cod. dipl. III 260, 264, 265, 293, 300; Würdtwein Subsidia dipl. IV 219 und 232; Reg. Boica VI 279, VII 197; vgl. ferner Allgem. deutsche Biogr. II 12 ff. und XI 540 ff. — Daraus, dass erst Lupold und die mit ihm zusammen abgesandten Kommissarien den Streit unter den Geistlichen des zu Thüringen gehörigen Teils der Diözese beilegen sollten, (vgl. Chron. Sampetr. a. a. O. 174: „Heinricus archiepiscopus — misit in Erphordiam Johannem — de Bebinburc etc. ad reconciliandum clerum") kann man wohl entnehmen, dass ein Teil derselben bei ihrer Ankunft in Thüringen noch auf seiten Balduins stand und sie erst die Anerkennung Heinrichs von seiten aller dieser Geistlichen bewirkt haben. Hieraus aber würde wiederum folgen, dass jene beiden ersten vom Papst entsendeten Legaten nur eine Anerkennung Heinrichs in den übrigen Gebieten der Mainzer Diözese (also im westlichen Teile) bewirkt haben können. Dass die Freisprechung von den Kirchenstrafen durch die Urkunde vom 25. Oktober 1337 (Reg. Boica VII 197) sich nur auf diesen Teil erstreckt haben kann, folgt von selbst daraus, dass erst Lupold und die mit ihm abgesandten Kommissarien den Geistlichen der thüringischen Gebiete Absolution erteilt haben. — Ob mit den Geistlichen zugleich die weltliche Bevölkerung des Kirchensprengels, soweit sie früher auf seiten Balduins gestanden hatte, nach der Beilegung des Streites unter den ersteren ebenfalls Heinrich III anerkannt hat und dafür von den Kirchenstrafen freigesprochen worden ist, wird zwar in den uns darüber vorliegenden Quellen nicht ausdrücklich angegeben (vgl. Chron. Sampetr. a. a. O. 174: „Qui (sc. legati) — hanc fecerunt concordiam inter clerum, quod dominus Heinricus de Vernburc voluntate capituli Mogontini archiepiscopatum susciperet etc."; und auch in der Urkunde vom 25. Okt. 1337 (Reg. Boica a. a. O.) heisst es nur: „Commissarii — omnes de Clero Moguntino — absolvunt.") Doch scheint diese Anerkennung wenigstens indirekt aus den zuletzt genannten Worten des Chron. Sampetr. hervorzugehen; durch diese Vermittelung der Legaten würde Heinrich III nach dem oben Gesagten zunächst die Anerkennung im westlichen Teile der Diözese erlangt haben. Die Freisprechung des hier in Frage kommenden Teils der weltlichen Bevölkerung dieser Gebiete muss dann kurz vor oder nach dem Erlass der Urkunde vom 25. Oktober erfolgt sein. Daher ist es auch sehr wahrscheinlich, dass zugleich mit der „composicio inter clerum" (s. Chron. Sampetr. a. a. O.) in den thüringischen Gebieten des Kirchensprengels der betreffende Teil der weltlichen Einwohner derselben ebenfalls für Heinrich III gewonnen und Bann und Interdikt von ihnen genommen wurde.

fasste, denn er verficht in derselben die Beschlüsse der Kurfürsten zu Rense und der gesamten Reichsstände auf dem eben erwähnten Reichstag zu Frankfurt über das freie Recht der deutschen Kurfürsten, den König zu wählen, und die Unabhängigkeit des Königs und Kaisers vom Papst. Die Schrift ist dem Erzbischof Balduin von Trier gewidmet, da Lupold, wie er am Eingange derselben sagt, ihn unter allen Fürsten Deutschlands als einen besonders eifrigen Förderer der Reichsinteressen erkannt hatte.[1] — Bald darauf, zwischen den Jahren 1338 und 1341, schrieb der Bebenburger ein Lehrgedicht: „Ritmaticum querulosum et lamentosum dictamen de modernis cursibus et defectibus regni ac imperii Romanorum", das in allegorischem Gewande eine eindringliche Mahnung an die deutschen Fürsten enthält, das Wohl des Reiches wahrzunehmen.[2] — Eine dritte Schrift Lupolds ist der dem Herzog Rudolf von Sachsen gewidmete „Libellus de zelo catholice fidei veterum principum Germanorum", in dem er, wie schon der Titel zeigt, die Hingebung der früheren deutschen Fürsten an die christliche Religion und Kirche und ihre Verdienste um dieselben darlegt und zugleich die deutschen Fürsten seiner Zeit zur Nacheiferung ermahnt.[3] —

---

[1] Vgl. Allgem. deutsche Biogr. XIX 649, Riezler, Die litterar. Widersacher u. a. 180, Ussermann, Episc. Bamb. 180. Die Inhaltsangabe der Schrift nach der Ausgabe bei Schardius, Sylloge 167 ff. — Von der Behauptung Ussermanns (a. a. O. 178), die sich auch noch bei Stein, Geschichte Frankens I 358 (vgl. 359) wiederfindet: dass Lupold Kanzler des Erzbischofs Balduin gewesen sei, habe ich in keiner der zeitgenössischen Quellen eine Bestätigung gefunden. In den letzteren könnte höchstens der Umstand einen Anhalt für diese Behauptung bieten, dass Lupold in der Widmung (Schardius a. a. O. 167) den Erzbischof als seinen „Dominus" und sich selbst als dessen „Clericus" bezeichnet. Wahrscheinlich aber sind diese Ausdrücke blosse Höflichkeitsphrasen, da sie sich in derselben Weise auch bei anderen finden [Konrad von Megenberg nennt Lupold in der Einleitung zu seiner zweiten Abhandlung „De translacione imperii" nach einem Citat bei Höfler, Aus Avignon (Abhandl. der Böhm. Ges. der Wissensch. 6. Folge Bd. 2) S. 25 ebenfalls „dominus meus"] und Lupold selbst sich am Eingange der Schrift „Libellus de zelo catholice fidei etc. (vgl. im Text) auch als „Clericus" des Herzogs Rudolf von Sachsen bezeichnet, obwohl sich zwischen ihm und diesem Fürsten garkeine näheren Beziehungen nachweisen lassen.

[2] Herausgegeben von Böhmer, Fontes I 479—484; vgl. über das Gedicht Böhmer a. a. O. S. XXXVII, Riezler a. a. O. 190, Allgem. deutsche Biogr. XIX 649.

[3] Inhaltsangabe ebenfalls nach der Ausgabe in Schardius Sylloge 208.

An dieser Stelle sollen auch die Schriften des Regensburger Domherrn Konrad von Megenberg erwähnt werden, in denen er Lupolds gedenkt, obwohl dieselben erst eine Reihe von Jahren später verfasst sind. Die bedeutendste derselben ist die „Oeconomica", die der Verfasser Lupold widmete, als derselbe schon Bischof war; sie kann daher nicht vor 1353 geschrieben sein. Das Werk behandelt in drei Büchern den geistlichen und weltlichen Haushalt.[1] —

Aber auch zwei andere Schriften Konrads geben Zeugnis von der Hochachtung, die derselbe für Lupold hegte. In der ersten der beiden „De translacione imperii" betitelten Abhandlungen[2] beruft sich Megenberg nämlich an einer Stelle seiner Ausführungen ausdrücklich auf ihn und folgt dort auch im allgemeinen Gange seiner ersten Erörterungen der Schrift Lupolds „De iure regni et imperii"; später entfernt er sich allerdings immer mehr von derselben, namentlich in den Sätzen, dass dem Papst die Bestätigung des erwählten römischen Königs zukomme und dass der Eid, den der Kaiser bei seiner Krönung dem Papst leiste, ein Lehnseid sei: Behauptungen, die Lupold mit ganzer Entschiedenheit bestritten hatte. Dennoch spricht Konrad wiederum in der Einleitung zu seiner zweiten gleichnamigen Abhandlung, die er kurz nach dem Tode des Erzbischofs Balduin (25. Januar 1354) verfasste und ebenfalls noch in demselben Jahre dem König Karl IV. überreichte, von Lupold mit grosser Hochachtung. Eine wie grosse Berühmtheit die Schrift desselben „De iure regni et imperii" in jener Zeit erlangt hat, ist besonders auch daraus ersichtlich, dass man sich noch im Anfange des 15. Jahrhunderts mehrfach auf die darin enthaltenen Angaben über die deutsche Königswahl durch die Kurfürsten berief. (S. Consilia Zabarellae Cons. 154 Num. 5 und Deutsche

---

— Ausser den hier angeführten Schriften Lupolds spricht Trithemius (Catal, illustr. vir. Germ. 144) auch noch von einer Anzahl von Briefen desselben. die zu seiner Zeit noch vorhanden gewesen wären; doch werden dieselben in neueren Darstellungen nirgends mehr erwähnt, und es findet sich auch sonst keine Spur mehr von ihnen vor.

[1] Von dieser Schrift ist nur die Praefatio erhalten; dieselbe ist hera. bei Struve, Acta litter. Fasc. IV 81—91.

[2] Konrad überreichte dieselbe (nach Höfler a. a. O. 31) 1354 Karl IV.

Reichstagsakten Bd. VII 81)[1]. Kehren wir nun wieder zu den allgemeinen Angelegenheiten des Würzburger Domstifts zurück, an denen Lupold beteiligt war, so finden wir ihn zuerst wieder am 30. Juni desselben Jahres 1338, in dem jene wichtigen Beschlüsse zu Rense und Frankfurt gefasst wurden, wiederum als Mitglied eines Ausschusses des Würzburger Domkapitels, der diesmal zu dem Zweck ernannt worden war, um einige zweifelhafte Punkte in Betreff der Aufnahme neuer Kanoniker in dasselbe zu regeln. In Bezug hierauf bestimmten diese Domherren nun, dass sowohl die Kapitularen selbst wie auch alle anderen, denen vom Kapitel das Recht eingeräumt worden wäre, neue Kanoniker für dasselbe vorzuschlagen, zu jeder Zeit, wenn sie wollten, solche Vorschläge sollten thun dürfen und die so Designierten dann stets, wenn sie den Anforderungen der Kapitelstatuten genügten und eine Stelle für sie frei würde, in dieselbe eingesetzt werden sollten. Dieselben Domherren erklärten einige Jahre später, am 22. Mai 1342, als ihnen vom Kapitel wiederum die richtige Auslegung der unsicheren Bestimmungen in einem früher erlassenen Statut aufgetragen war, in Bezug auf die Aufnahme der neuen Kanoniker, dass insbesondere auch die vom Bischof sowie dem Propst und dem Dechanten des Kapitels zu Mitgliedern desselben Vorgeschlagenen unter den eben erwähnten Bedingungen in das Kapitel aufgenommen werden sollten; sie ergänzten dann noch das vorhin genannte Statut kraft der ihnen hierzu verliehenen Vollmacht durch einige weitere Bestimmungen, die sich auf diese Angelegenheit bezogen[2].

Im Jahre 1343 wurde Lupold ferner mit einem anderen Würzburger Domherrn zusammen vom Bischof Otto von Würzburg und dem Abt von Fulda zum Schiedsrichter in einem Streite derselben wegen einiger vor dem Rhön-Gebirge gelegenen Besitzungen erwählt, nachdem sich vier andere zur Schlichtung dieses Streites ernannte Schiedsleute hierüber nicht hatten einigen können. Lupold und der andere mit ihm erwählte Schiedsrichter fällten nun zwar am 8. Juni in einer ganzen Anzahl von streitigen Punkten

---
[1] Kapitelüberschriften und Inhaltsangabe beider gleichnamiger Schriften Konrads in der Abhandlung von Höfler, Aus Avignon 24 ff. (a. a. O.) Inhaltsangabe der Einleitung zur zweiten Schrift. Ibid. 25 u. 26.

[2] Diese beiden Urkunden über die Aufnahme neuer Kanoniker s. Mon. Boica XL. 203 u. 396.

ein Urteil, aber die Sache ist damit jedenfalls noch nicht zum Abschluss gediehen; denn aus einer Urkunde des Würzburger Domkapitels vom 17. September desselben Jahres ersieht man, dass dasselbe die endgültige Entscheidung der nunmehrigen sechs Schiedsleute noch erwartete.[1]

Zwei Jahre darauf, 1345, wurde Lupold mit seinem schon früher erwähnten Bruder Rudolf von Bebenburg und einem gewissen Ritter Burkard von Seckendorf zusammen zum Schiedsrichter bei einem Vertrage erwählt, den der Edelmann Kraft von Hohenlohe und dessen Frau mit dem Bischof Otto und seinem Würzburger Hochstift über den Verkauf der Stadt Röttingen mit den zugehörigen Besitzungen an die letzteren abschloss. Über diese Stadt aber besass die Abtei Fulda die Lehnshoheit, und die beiden Eheleute von Hohenlohe verpflichteten sich daher am 23. Juli 1345, dafür zu sorgen, dass diese Abtei innerhalb eines Jahres ihre Zustimmung zu diesem Verkauf gebe. Bis dies geschehen sei, verpfändeten sie dem Hochstift die ihnen gehörigen Burgen und Ortschaften Langenberg, Lichteneck, Ingelfingen und Möckmühl, die jedoch wiederum von ihnen erst zum Teil von der Gräfin von Nassau, zum Teil vom Erzbistum Mainz ausgelöst werden mussten, an die sie verpfändet waren. Wenn jene Zustimmung von seiten des Klosters Fulda nicht innerhalb der festgesetzten Frist erfolgt wäre, so sollten alle diese Besitzungen für immer dem Bistum Würzburg verfallen sein, und auch die Auslösung derselben wurde dem Hochstift in ähnlicher Weise gewährleistet. Aber schon ganz kurze Zeit darauf muss die Fuldaer Abtei die erforderliche Zustimmung zu dem Verkauf gegeben haben; denn bereits am 1. August desselben Jahres konnten die beiden Hohenlohe dem Stift Würzburg ankündigen, dass der Verkauf von Röttingen, wie er vorher vertragsmässig festgesetzt worden war, nunmehr ausgeführt werden könne; zugleich sollten, wenn dies geschehen sei, von beiden Seiten einheitliche Urkunden sowohl über den Verkauf von Röttingen wie auch von den schon vorher dem Hochstift von den Hohenlohe verkauften Burgen Ingolstadt und Reichenberg ausgestellt werden. Auch für die Ausführung dieser neuen Vertragsbestimmungen übernahm Lupold

---

[1] Die beiden auf diesen Streit bezüglichen Urkunden Schannat, Cod. probat. zur Hist. Fuld. 260 u. Mon. Boica XL, 519.

das Schiedsrichteramt. Kurz danach verkaufte aber der Bischof Otto im Namen seines Stifts Ingolstadt wieder an die Hohenlohe zurück und liess sich nur das Recht des Wiederkaufs desselben gewährleisten; aber auch auf dieses verzichtete er, als am 16. August Lupold mit einem anderen Würzburger Domherrn, Eberhard von Hirschhorn, zusammen diese Burg samt den Dörfern Allersheim und Sulzdorf den Hohenlohe wieder abkaufte.[1]

Nicht lange darauf starb Bischof Otto, und es wurde an seiner Stelle vom Domkapitel der bisherige Propst desselben, Albrecht von Hohenlohe, zum Bischof gewählt. Papst Clemens VI. dagegen ernannte am 3. September 1345 seinen Kaplan, den Grafen Albrecht von Hohenberg, zum Nachfolger Ottos und suchte natürlich sofort dieser Verfügung Geltung zu verschaffen. Diesmal waren es wahrscheinlich keine höheren politischen Rücksichten, die den Papst zu dieser willkürlichen Ernennung bewogen, sondern es geschah von seiner Seite wohl nur in der Absicht, jenem Günstling, dem er schon früher das erste in Erledigung kommende Bistum versprochen hatte, eine einträgliche Stellung zu verschaffen. Der grösste Teil der Geistlichkeit der Würzburger Diözese jedoch hing Albrecht von Hohenlohe an, und da man nun dort wohl wusste, dass das feindselige Vorgehen des Papstes gegen denselben für den ganzen Kirchensprengel sehr unheilvolle Folgen haben konnte, so fasste Albrecht von Hohenlohe am 28. November in Gemeinschaft mit den Prälaten, Vertretern der Stifter und anderen Geistlichen seiner Diözese mehrere Beschlüsse, die dazu dienen sollten, alle vom Papst gegen das Hochstift vorgenommenen Massregeln unschädlich zu machen. Damit über den Sinn dieser Beschlüsse keine Unsicherheit obwalten könnte, wurde einigen Geistlichen Vollmacht gegeben, in zweifelhaften Fällen hierüber zu entscheiden bezw. noch entsprechende Zusätze zu den Beschlüssen zu machen, und unter diesen Geistlichen befand sich wiederum auch Lupold, wie er ja nun schon öfter bei Statuten und Verträgen des Würzburger Hochstifts das Schiedsrichteramt übernommen hatte. — Aber diese Vorkehrungen konnten es doch nicht verhindern, dass, ebenso wie nach der zwiespältigen Bischofswahl des Jahres 1333, der Papst über die ganze, geistliche und weltliche, Bevölkerung der Würzburger

---

[1] Über diese Angelegenheit s. die Urkunden Mon. Boica XLI 157 und 182 und Reg. Boica VIII 49.

Diözese, soweit sie auf seiten Albrechts von Hohenlohe stand, (und dies war sicherlich bei dem grössten Teile derselben der Fall) das Interdikt bezw. über die einzelnen den Bann verhängte; hierdurch verfiel auch Lupold von neuem der letzteren Kirchenstrafe.[1] Ferner ersehen wir aus den diese Angelegenheit betreffenden Urkunden, dass um diese Zeit auch das Würzburger Domkapitel (wie überhaupt der grösste Teil der Diözese) zugleich mit dem Interdikt, daher auch alle Mitglieder desselben (zu denen ja auch Lupold gehörte) mit dem Bann wegen ihrer Anhänglichkeit an den schon von Papst Johann XXII. gebannten Kaiser Ludwig behaftet waren. Auf diese Weise ist es gekommen, dass Lupold viermal exkommuniziert worden ist. Von den beiden zuletzt besprochenen Bannflüchen sprach Bischof Friedrich von Bamberg, der vom Papst hierzu den Auftrag erhalten hatte, die Bevölkerung der Würzburger Diözese, soweit sie denselben bis dahin unterlegen hatte, erst am 6. September 1351 endgültig frei.[2]

Inzwischen aber war bereits 1346 Karl IV. von der Mehrzahl der Kurfürsten zum Gegenkönig gegen Ludwig den Bayern gewählt worden. An diesen wandten sich schon damals, kurz nach seiner Wahl, Albrecht von Hohenlohe und das Würzburger Domkapitel mit der Bitte, in ihrem Streit mit dem Gegenbischof zu vermitteln. Karl IV. gewährte ihnen ihren Wunsch und erlangte thatsächlich vom Papst Clemens VI. das Zugeständnis, dass Albrecht von Hohenberg das nächste zur Erledigung kommende andere Bistum erhalten sollte; der letztere wurde dann in der That 1349 Bischof von Freising. Daher wandte sich Albrecht von Hohenlohe sofort gänzlich Karl IV. zu. Das Domkapitel muss sich jedenfalls, wenigstens in seiner Mehrheit, im geheimen mit dieser Handlungsweise des Bischofs einverstanden erklärt haben, da dieser sonst einen so wichtigen Schritt nicht hätte thun können. Öffentlich aber erklärte das Kapitel in einem Schreiben an den Kaiser Ludwig, dass es den Abfall des Bischofs von ihm missbillige,

---

[1] Unter den aus diesem Grunde mit dem Bann behafteten Geistlichen, die am 3. August 1351 von Bischof Friedrich von Bamberg freigesprochen wurden, wird in der hierauf bezüglichen Urkunde (Mon. Boica XLI, 524) Lupold ausdrücklich genannt.

[2] Ueber diesen Bischofsstreit sowie die damit zusammenhängenden Kirchenstrafen s. die Urkunden Mon. Boica XLI 209, 504, 512, 524, 537, 541; Michael de Leone a. a. O. 462, 464 ff.; vgl. auch Stein a. a. O. 354.

und bat ihn ferner darin, er möchte deshalb doch das Unrecht, das der Bischof mit dieser feindseligen Haltung an ihm begehe, nicht das Sitft entgelten lassen und demselben nicht, wie er vorher beabsichtigt hatte, seine von früher her überkommenen Rechte nehmen. Ob Lupold ebenfalls zu den Domherren gehört hat, die im geheimen zum Übertritt des Bischofs Albrecht zu Karl IV. ihre Zustimmung gaben, lässt sich nicht mehr ermitteln. Jedenfalls war er einer der vom Domkapitel erwählten Abgesandten, die in dessen Auftrage jenes Schreiben an den Kaiser Ludwig überbringen sollten. Durch seine Teilnahme an dieser Gesandtschaft bekannte er sich öffentlich noch als einen Anhänger desselben. Als einen solchen hatte er sich ja auch früher, wie wir gesehen haben, sowohl als Schriftsteller wie auch bei allen in die Reichspolitik eingreifenden Ereignissen, die ihn als Inhaber einer seiner geistlichen Würden berührten, gezeigt. — Was jene Abgesandten betrifft, zu denen, wie eben erwähnt, auch Lupold gehörte, so kamen sie nicht mehr dazu, das ihnen anvertraute Schreiben dem Kaiser Ludwig zu überbringen; denn schon auf dem Wege zu demselben erfuhren sie, dass er auf einer Jagd gestorben sei. Hierdurch war das Hochstift aus seiner Verlegenheit befreit, und wahrscheinlich haben von da ab die sämtlichen Einwohner desselben Karl IV. bis zu seinem Tode als König anerkannt, besonders da unter den Fürsten des ganzen Frankenlandes keiner sich einem der nach dem Tode Ludwigs des Bayern gegen ihn aufgestellten Gegenkönige zugewendet hat. Auch der Bebenburger ist daher, wenn er nicht schon früher ein Anhänger Karls IV. geworden ist, dann doch jedenfalls jetzt auf seine Seite getreten, wie er auch später nach seiner Bischofswahl diesem König stets treu geblieben ist.[1]

Von lokalen Vorgängen im Kirchensprengel von Würzburg während der eben besprochenen Periode, an denen Lupold beteiligt ist, sollen hier nur die wichtigeren genannt werden, da die übrigen für ihn von keiner besonderen Bedeutung sind. — Am 10. Dezember 1341 bestätigte sein Bruder Rudolf mit seiner Zustimmung die

---

[1] Für diese Vorgänge nach der Wahl Karls IV. habe ich einiges aus Stein a. a. O. 854 u. 855, die meisten Nachrichten aber aus Fries, Hist. v. Würzb. a. a. O. 635 u. 636 ff. entnommen, da über die hier geschilderten Ereignisse, soweit mir bekannt, keine zeitgenössischen Quellen handeln.

schon früher von ihm gemachte Schenkung des Patronatsrechts über die Pfarrkirche zu Gammesfeld an das Johanniterhospital in Rothenburg.[1] Dann erscheint Lupold in einer Urkunde vom 4. Januar 1343 mit einigen anderen als Bürge für die Ausführung eines Versprechens, das der Abt und Konvent des Klosters Comburg dem Bischof Otto hatten geben müssen, einige ihrer früher verkauften oder verpfändeten Güter wieder an das Kloster zu bringen.[2]

Nachdem Rudolf von Bebenburg um das Jahr 1346 gestorben war, übernahm Lupold mit seinem zweiten Bruder Friedrich, einem Mitglied des vorhin erwähnten Johanniterhospitals in Rothenburg, und seinem Oheim Walter, Küchenmeister von Bilriet, zusammen die Vormundschaft über die Kinder seines verstorbenen Bruders. In dieser Eigenschaft hatten diese drei Männer verschiedene Schenkungen an geistliche Stifter zu machen. Von einigen derselben wird uns ausdrücklich überliefert, dass Rudolf sie selbst angeordnet hatte: so von der Anweisung einer jährlichen Zahlung von einem Pfund Heller an jenes Johanniterhospital in Rothenburg (vom 7. September 1347), wofür jährlich an den Todestagen Rudolfs, der ersten Frau desselben, Petronella, und der Vorfahren Rudolfs und seiner Brüder Seelenmessen für sie gelesen werden sollten. Eine ähnliche Schenkung, aus der die Kosten einer Totenfeier für dieselben Personen bestritten werden sollten, verliehen jene drei Vormünder am 28. September 1347, ebenfalls aufgrund von Rudolfs Vermächtnis, an das geistliche Frauenstift in Schoftersheim. Eine dritte Verleihung, die Lupold als Vormund mit Zustimmung der beiden anderen am 23. Mai 1348 der Kirche in Gammesfeld zu einer Totenfeier für seinen Vater Engelhard machte, rührt vielleicht schon von einer früheren Stiftung des letzteren her.[3] — Aus zwei Urkunden des Jahres 1350 er-

---

[1] Reg. Boica VII 324, vgl. die frühere Verleihung S. 7.
[2] Mon. Boica XL 458.
[3] Die hier angeführten Urkunden s. Reg. Boica VIII 110, Wibel, Hohenloh. Kirchenhistorie II 234 u. 235, Bensen a. a. O. 447. — Was den Stand Rudolfs betrifft, so wird er nur einmal in der schon früher angeführten Urkunde vom 22. Januar 1346 als „des Reiches Dienstmann" bezeichnet. Da dies überhaupt, soweit mit bekannt, die letzte Urkunde ist, in der derselbe vorkommt, so muss sein Tod und die Übernahme der

fahren wir ferner noch von einem weiteren Anteil Lupolds an Privatbesitzungen bezw. Privatrechten. Er besass nämlich mit Friedrich von Lienthal, einem Stadtschreiber in Rothenburg, zusammen erstlich die zum Bistum Würzburg gehörige Herrschaft Lienthal, die beide jedoch am 16. Januar des vorhin genannten Jahres an das Hochstift verkauften. Ferner gehörten gewisse Zehnten in Schweinsdorf Lupold und jenem Friedrich von Lienthal bis zum 11. Juni 1350 gemeinsam; an diesem Tage aber veräusserten sie dieselben ebenfalls an Walter von Seitendorf und das Dominikaner-Nonnenkloster in Rothenburg.[1]

Am Ende des Jahres 1350 oder im Anfange des folgenden (1351) starb der Würzburger Domdechant Eberhard von Riedern und ernannte vorher Lupold mit drei anderen Kanonikern des Domstifts zusammen zu Vollstreckern seines Testaments. Nun hatte derselbe schon früher gewünscht, dass das Prämonstratenser-Nonnenkloster Tückelhausen, das dem zu demselben Orden gehörigen Mönchskloster Oberzell einverleibt und in dem der Gottesdienst in argen Verfall geraten war, dem Karthäuserorden übergeben würde; denn er gedachte in demselben einen neuen Gottesdienst nach der Regel der Karthäuser einzurichten; das Kloster Oberzell wollte er dann in ausreichender Weise für den Verlust, der demselben dadurch erwachsen würde, entschädigen. Aber noch ehe das Generalkapitel des Prämonstratenserordens zu jener Übergabe seine Zustimmung gegeben hatte, war der Dechant bereits gestorben und hatte, wie aus einer Urkunde zweier Kommissarien des Generalkapitels hervorgeht, in seinem Testament angeordnet, dass dem Kloster Oberzell für den Fall, dass die gewünschte Zustimmung des Kapitels erfolgen würde, die nötige Entschädigung zuteil werden sollte; er muss daher entweder aus seinem eigenen Besitz für diesen Fall dem Kloster eine Anzahl von Gütern, Zehnten u. a. vermacht oder auch nur eine bestimmte Geldsumme zum eventuellen Ankauf derselben angewiesen haben. Als daher die beiden vorhin erwähnten Kommissarien des Prämonstratenserordens am 17. Februar 1351 im Namen desselben die Zustimmung erteilten, kam es nunmehr den Testamentsvoll-

---

Vormundschaft von seiten der im Text erwähnten Verwandten zwischen dem 22. Januar 1346 und dem 7. September 1347 erfolgt sein.
[1] Diese beiden Urkunden Mon. Boica XLI 425 u. 459.

streckern, zu denen ja, wie vorhin erwähnt, auch Lupold gehörte, zu, die hierauf bezüglichen Bestimmungen des verstorbenen Dechanten auszuführen. [1]

Als Domherr in Mainz kommt Lupold seit dem früher geschilderten Zwiespalt nur in wenigen Urkunden, die uns überliefert sind, vor. So als Zeuge in einer Urkunde des Erzbischofs Heinrich III. vom 26. November 1343, in der derselbe einen Rechenschaftsbericht zweier anderer Geistlichen seiner Diözese über einige Ausgaben und Einnahmen des Mainzer Erzstifts genehmigt. Ferner als Zeuge und Mitsiegler in einem Vertrage des Erzbischofs Gerlach mit der Stadt Mainz vom 6. April 1349, in dem derselbe der Stadt zugleich mehrere neue Privilegien verleiht. [2]

In der schon früher angeführten Urkunde vom 8. Juni 1343, in der Lupold mit einem anderen Würzburger Domherrn zusammen zuerst in dem Streit zwischen dem Bischof von Würzburg und dem Abt von Fulda ein Urteil fällte (vgl. S. 7), erscheint er zum ersten Male auch als Domherr in Bamberg. Als solcher erhielt er ferner am 13. August desselben Jahres mit einer Anzahl anderer Kanoniker vom Bamberger Domkapitel den Auftrag und die hierzu nötige Vollmacht, sechs neue Kapitularen und ebenso viele neue mit Pfründen begabte Domicellaren an einem bestimmten Termin in das Kapitel aufzunehmen, da man auf diese Weise die Zahl der Mitglieder desselben vermehren wollte;

---

[1] Über die hier geschilderte Übergabe von Tückelhausen an den Karthäuserorden s. die Urkunde vom 17. Februar 1351 bei Ussermann Episc. Wirceb. Cod. probat. 81 ff. Auf die Entschädigung des Klosters Oberzell durch die Testamentsvollstrecker bezieht sich die Stelle in der Urkunde ibid. 83: „Quia eciam invenimus et nobis constat, recompensam bonorum, redituum et iurium ecclesie in Tückelhausen et suarum utilitatum idonee et equivalenter, realiter et effective fore factam ecclesie Cellensi supradicte in certis possessionibus, bonis et redditibus annuis perpetuis per honorabiles dominos Lupum (so fälschlich in der Urkunde geschrieben) de Bebenburg, Eberhardum de Hirtzhorn etc. Herbipolensis ecclesie canonicos fidecommissarios manufideles et ultime voluntatis fideles executores pie ac felicis recordacionis domini Eberhardi (sc. de Riedern) Decani ecclesie Herbipolensis dicte." — Eberhard von Riedern kommt in den Reg. Boica zum letzten Male in einer Urkunde vom 30. September 1350 (Ibid. VIII 198) vor.

[2] Die beiden Urkunden bei Schunk, Cod. dipl. 253 und Senckenberg Selecta II 146.

zugleich sollten die eben erwähnten Domherren auch die Bestimmungen über die Aufnahme neuer Kanoniker überhaupt neu regeln.[1]

Zu allen diesen Kirchenwürden, die Lupold längere oder kürzere Zeit besessen hat, kommen nun noch zwei, von denen wir nur mittelbar, durch Urkunden anderer, wissen, dass der Bebenburger dieselben zeitweise bekleidet hat. Die höhere der beiden ist die Propstei an der Kollegiatkirche in Bingen. Von dieser Dignität wissen wir nur, dass Lupold sie am 15. September 1351 innehatte; andererseits kann er sie erst nach dem 13. November 1326 erlangt haben, da an diesem Tage noch ein anderer dort in Bingen Propst war. Ferner ist Lupold auch Pfarrer in Vacha bei Eisenach gewesen; über die Zeit jedoch, während deren er diese Pfründe besessen hat, fehlt uns vollends jeder nähere Aufschluss. — Im Jahre 1351 aber verlor er infolge einer Verfügung des Papstes Clemens VI. die Propstei des St. Severinstiftes in Erfurt, die er nun schon 25 Jahre inne gehabt, weil er sich ohne päpstlichen Dispens den gleichzeitigen Besitz von drei der höchsten Kirchenwürden verschafft hatte. Auch die Pfarrei zu Vacha soll er widerrechtlich besessen haben.[2]

Nach der Entziehung der Erfurter Propstei kommt Lupold dann bis zu seiner Bischofswahl nur noch zweimal in Würzburger Urkunden vor. Zuerst bei Gelegenheit eines gemeinsamen Beschlusses des Bischofs und Domkapitels vom 31 Juli 1352, die bisherige Union des letzteren mit den Kapiteln zweier anderer Kirchen und den Konventen einiger Klöster der Würzburger Diözese aufzuheben. Infolge dieser Vereinigung waren nämlich die eben genannten Kongregationen öfter, und zwar gewöhnlich in der Würzburger Domkirche, zu gemeinsamen Beschlüssen zusammengetreten, und die übrigen Glieder der Union, ausser dem Domkapitel, hatten hierdurch ebenfalls Gelegenheit gehabt, ihre

---

[1] Die letztere Urkunde Reg. Boica VII 376. Diese beiden hier angeführten Urkunden sind die einzigen von mir gefundenen, in denen Lupold als Domherr in Bamberg vorkommt.

[2] Über die beiden hier angegebenen Kirchenwürden Lupolds und den Verlust der Erfurter Propstei s. die beiden Urkunden vom 15. September 1351 in: Päpstl. Urkunden u. a. (Geschichtsquellen der Prov. Sachsen XXI) 438 u. 439; ferner die Urkunde vom 5. August 1354 (Päpstl. Urkunden u. a. ibid. XXII 17).

Rechte selbst zu vertreten. Weil aber dadurch der Einfluss des letzteren geschmälert wurde, so erklärte der Bischof mit Genehmigung desselben und vermutlich auch auf seinen Antrieb die bisherige Kapitelsunion für aufgehoben und gelobte, diesen Beschluss nicht ohne Zustimmung einiger Domherren, unter denen sich auch Lupold befand, zu widerrufen oder abzuändern. — Endlich giebt Lupold noch mit zwei anderen Domherren, mit denen er gemeinsam das Patronatsrecht über die Kirche in Reynoldsberg besass, am 28. November 1352 seine Zustimmung zur Dotierung der Burgkapelle in Bilriet, das zum Pfarrsprengel von Reynoldsberg gehörte. [1]

Kurz darauf aber trat eine völlige Wendung im Leben Lupolds ein: nachdem nämlich am 21. Dezember 1352 der bisherige Bischof von Bamberg, Friedrich von Hohenlohe, gestorben war, [2] wurde er am 12. oder 14. Januar 1353 vom dortigen Domkapitel, dem er, wie wir gesehen haben, schon längere Zeit als Kanoniker angehörte, zum Bischof gewählt und nahm daher als solcher die Bezeichnung Lupold III. an. [3] Bereits sechs Wochen nach seiner

---

[1] Die beiden Urkunden s. Mon. Boica XLII 22 u. 26.

[2] s. Auszug der vorzüglichsten Kalendarien des Bamb. Bistums (7. Ber. des hist. Ver. zu Bamb.) S. 314 unter dem 21. Dezember.

[3] Über das Datum der Wahl Lupolds haben wir zwei zeitgenössische Angaben: Nach dem ältesten „Catalogus episcopor. Bamb." (Sacc. XIV) (bei Höfler, Quellen zur fränk. Gesch. III S. XCIII) geschah die Wahl am 14. Januar (Sabbato post Octavam Epiphanie domini) 1352, nach einem zweiten Bischofskatalog aus dieser Zeit dagegen (Ebenda S. XCV) am 12. Januar (II Idus Jan.) 1353. Für das Jahr 1352 aber würde ausser der ersteren Angabe nur noch eine Stelle aus dem Registr. Burghut. Eccl. Bamb. (18. Bericht des hist. Ver. in Bamb.) 124 sprechen, nach der Lupold schon im Jahre 1352 Bischof gewesen sein soll. Da jedoch die letztere Annahme durch keine weitere zeitgenössische Nachricht begründet ist, Lupold dagegen noch in demselben Jahre (1352) in zwei Urkunden als Würzburger Domherr und Archidiakon vorkommt (vgl. S. 25 ff.), ohne dass etwas von seiner Bischofswürde erwähnt wird, er dagegen in dieser Würde schon im Jahre 1353 in einer ganzen Reihe von Urkunden erscheint und nach dem Kalendar der Kathedralkirche in Bamberg (Auszug aus den vorzüglichsten Kalend. etc. (vgl. Anmerk. 2) auch der frühere Bischof Friedrich von Hohenlohe am 21. Dezember 1352 gestorben ist, so wird man sich in Bezug auf die Wahl Lupolds jedenfalls für das Jahr 1353 entscheiden müssen. Hierbei bliebe allerdings noch das Datum (12. oder 14. Januar) zweifel-

Wahl, also etwa Ende Februar dieses Jahres, empfing er die Bestätigung der neuen Würde von seiten des Papstes Innocenz VI., und es soll nur an einem Gichtleiden desselben gelegen haben, dass Lupold nicht schon früher bestätigt wurde.[1] Zwei Jahre später erhielt er dann auch durch denselben Papst, mit einem Begleitschreiben vom 21. Juni 1355, ein Pallium zugesendet, eine Auszeichnung, die Bamberger Bischöfen bisher nur zweimal zuteil geworden war.[2] Die sämtlichen übrigen Kirchenwürden, die er bis dahin noch besessen hatte, hat Lupold höchst wahrscheinlich nach der Bestätigung seiner Bischofswürde aufgegeben.[3]

In den nächstfolgenden Monaten nach derselben geschah unter seiner Regierung nichts Bemerkenswertes für das Bistum Bamberg. Erst am 23. August 1353 trat auch er dem Landfriedensbunde bei,

---

haft, da ja die Datierung im ersten Bischofskatolog sonst richtig und nur bei der Jahresangabe ein Versehen gemacht sein kann.

[1] Nach dem zweiten Catal. episc. Bamb. (Höfler, Quellen zur fränk. Gesch. III, S. XCV. — Darüber, dass Lupold selbst nach Avignon gereist sei und dort vom Papst die Bischofsweihe empfangen habe, wie Erhard a. a. O. u. Ussermann Episc. Bamb. 173 behaupten, habe ich keine zeitgenössische Angabe gefunden.

[2] Reg. Boica VIII 322, vgl. Ussermann a. a. O. Cod. probat. nr. XXXIV und LXV. — Bei dieser Gelegenheit forderte der Papst (nach dem angeführten Regest in Reg. Boica) auch von Lupold einen Eid: „Innocencius VI. — palleum transmittens episcopo Bambergensi Leupoldo, qui nequibat ex certis causis pro petendo palleo se conspectui suo personaliter presentare, postulat ab eodem iuramentum, cuius formam de verbo ad verbum per patentes litteras — per proprium nuncium ad sedem papalem destinare iubet." Was hier jedoch für ein Eid von Lupold gefordert wurde, ist aus dem Zusammenhange nicht ersichtlich, da doch die Verleihung des Palliums von seiten des Papstes an einen einfachen Bischof für diesen nur eine besondere Gunstbezeugung und nicht notwendig mit seiner Würde verbunden war wie bei den Erzbischöfen und er infolge dessen auch bei einer Verleihung des Palliums dem Papst keinen Treueid mehr zu leisten hatte; auffällig ist es aus diesem Grunde auch, dass der Papst zu verstehen giebt, dass Lupold von rechtswegen persönlich vor ihm zu erscheinen verpflichtet gewesen wäre, um das Pallium zu erbitten.

[3] Nur einmal wird er nach dieser Bestätigung noch als Inhaber einer anderen Kirchenwürde genannt: Serarius Scr. rer. Mogunt. cur. Joannis II 340 wird noch eine Urkunde des Erzbischofs Gerlach von Mainz vom 12. Dezember 1353 angeführt, in der Lupold noch als Domherr in Mainz vorkommen soll. Da der Verfasser jedoch nicht sagt, dass er sich hier zugleich auch als Bischof von Bamberg bezeichnet, und dies doch in diesem Falle sicher anzunehmen wäre, so lässt sich wohl daraus folgern, dass diese Angabe des Joannis auf einem Irrtum beruht.

den an diesem Tage Karl IV. zu Nürnberg mit einer grossen Anzahl von Fürsten, Herren und Städten aus Franken und Bayern abschloss; der König hatte alle diese Teilnehmer teils durch freundliches Zureden, teils durch Drohungen zum Beitritt bewogen. Der Landfriede sollte von jenem Datum des Abschlusses an bis zum 11. November 1356 dauern. Zur besseren Handhabung desselben wurde eine Vereinigung von elf Männern eingesetzt, von denen der König den Vorsitzenden, die am Landfrieden beteiligten Fürsten und Herren weitere fünf und die zu diesem Bunde gehörigen Städte die übrigen fünf ernannten. Dieselben sollten mindestens alle Vierteljahre, und zwar immer am Sonntag nach den Goldfasten, in Nürnberg zusammenkommen; aber auch zu jeder anderen Zeit, wenn eine Störung des Landfriedens ein Eingreifen ihrerseits erforderlich machen würde. [1]

Etwa um dieselbe Zeit muss es gewesen sein, dass Lupold von Karl IV. das erste Privileg erhielt. Der König ordnete nämlich durch einen Erlass vom 7. September 1353 an, dass die Stadt Nürnberg ihre jährlich zu zahlende Reichssteuer, die 2000 Pfund Heller betrug, für dieses Jahr an den Bischof zahlen sollte, da er sie ihm für dasselbe zugesichert habe. Auch in den Jahren 1355 und 1356 erhielt der Bischof auf Anordnung Karls IV. hin von den Nürnbergern die volle Reichssteuer derselben. Aber schon 1357 wurde die Steuer für dieses Jahr Lupold vom nunmehrigen Kaiser abgesprochen, und im folgenden Jahre (1358) entzog dann derselbe dem Bamberger Bistum dauernd diese ihm nun schon mehrmals verliehene Vergünstigung. [2]

An demselben Tage, an dem Karl IV. den Nürnbergern zum ersten Male befahl, ihre Reichssteuer an Lupold zu zahlen, also am 7. September 1353, sprach er zugleich ihn und sein Domstift von allen Schulden, die sie sowie der Vorgänger Lupolds, Bischof Friedrich, gegen Juden vor der allgemeinen Verfolgung derselben

---

[1] Die Haupturkunde über diesen Landfrieden Mon. Boica XLII 69 ff.; eine besondere Urkunde der Burggrafen von Nürnberg vom 24. August bei Pelzel, Karl IV Bd. I Urkundenbuch 172, vgl. Heinr. v. Diessenhoven (Böhmer Font. IV) 88, Heinr. v. Rebdorf (Ibid.) 540 und Michael de Leone (Ibid. I) 478.

[2] Die hierauf bezüglichen Urkunden bei Huber Reg. Kar. IV No. 1584, 1589, 2715, 2809, 2825, 2861. Reg. Boica VIII 334 u. 357; vgl. Lochner, Geschichte der Reichsstadt Nürnberg 186 ff.

eingegangen, frei und erklärte alle Schuldverschreibungen hierüber für nichtig. - Dieses Privileg bestätigte er später noch einmal im Jahre 1357 und schützte den Bischof auch, als 1354 trotz dieser Befreiung ein gewisser Konrad von Saunsheim gegen denselben wegen einiger Juden in Rothenburg eine Forderung geltend machte und sogar eine Achtserklärung gegen ihn bewirkte, indem er am 5. Oktober dieses Jahres beides für nichtig erklärte.[1]

Bald nach jener Tilgung der Judenschulden Lupolds durch Karl IV. geriet der Bischof mit zweien der wittelsbachischen Fürsten, mit denen er noch einige Monate vorher zusammen den Landfriedensbund geschlossen hatte, in einen Streit, der nachteilig für ihn endete. Am 29. October 1353 hatte nämlich Ruprecht der Ältere, Pfalzgraf vom Rhein und Herzog eines Teiles von Bayern, Karl IV. als König von Böhmen für gewisse Geldsummen, die sein Haus demselben schuldig war, eine Anzahl von fränkischen Ortschaften, darunter auch Hartenstein, Neidenstein und Velden, verkauft, hatte auch zugleich versprochen, die Gültigkeit dieses Verkaufs gegen jederlei Ansprüche, besonders auch solche seines Neffen, des jüngeren Ruprecht, der ebenfalls zugleich Pfalzgraf vom Rhein und Herzog in Bayern war, aufrecht zu erhalten. Aber kurz darauf, am 5. November, hatte auch der jüngere Pfalzgraf Ruprecht diesen Verkauf durch eine von seiner Seite ausgestellte Urkunde bestätigt, und beide hatten bereits die Einwohner jener Ortschaften von ihren bisherigen Unterthanenpflichten gegen sie entbunden. Da erklärte Bischof Lupold im Namen seines Bistums, dass dasselbe über einen Teil der von den Pfalzgrafen an Karl IV. verkauften Besitzungen, nämlich über die drei vorhin genannten Ortschaften Hartenstein, Neidenstein und Velden, die Lehnshoheit besitze. Hieraus entstand ein Streit, den man schliesslich dadurch zu schlichten suchte, dass beide Parteien an das

---

[1] Die Urkunden hierüber siehe Huber Reg. Kar. IV. Ergänzhft. I No. 6711, 6791, 6918. Das Regest der zuletzt erwähnten Verfügung Karls IV. bei Huber a. a. O. lautet: „Karl IV. befiehlt, dass die von Konrad von Saunsheim seiner Befreiung ungeachtet gegen den Bischof Leupold zu Bamberg wegen einiger Juden zu Rothenburg geltend gemachte Forderung und die erfolgte Achtserklärung nichtig sein und dem Bischof keinen Schaden bringen soll." In diesem Falle glaube ich, da es sich hier doch nur um Schuldforderungen von Juden gegen den Bischof bezw. sein Stift handelt, dass auch die in diesem Regest erwähnte Achtserklärung nur gegen Lupold erfolgt sein kann.

Urteil der Erzbischöfe Gerlach von Mainz und Wilhelm von Köln appellierten und versprachen, sich demselben unweigerlich zu fügen. Die beiden Erzbischöfe entschieden hierauf nach reiflicher Erwägung und Beratung mit Sachverständigen am 19. November in Speyer, dass dem Bischof von Bamberg und seinem Bistum in Bezug auf Hartenstein und Neidenstein keinerlei Rechte zukämen; dass vielmehr die bayrischen Herzöge diese beiden Orte, ebenso wie die übrigen durch die vorhin erwähnten Verträge an Karl IV. verkauften, als wirkliches Eigentum besessen hätten. Sie bestimmten jedoch noch der grösseren Sicherheit wegen, dass der Bischof in seinem Namen und dem seines Bistums ausdrücklich auf jedes Recht in Bezug auf jene beiden Orte und deren zugehöriges Gebiet, wenn sie etwa ein solches zu haben glaubten, verzichten müsse. Von den sonstigen in jene Kaufverträge eingeschlossenen Orten ständen nur die Stadt Velden und der dritte Teil des Veldener Forstes wirklich unter der Lehnshoheit des Bistums und sollten daher auch unter derselben verbleiben. Lupold erkannte dann durch eine am 22. November ebenfalls zu Speyer ausgestellte Urkunde zugleich im Namen seines Bistums die Gerechtigkeit dieses Urteils an und unterwarf sich demselben. Mit Velden und dem Teile des Veldener Forstes, über den ihm die Oberhoheit zuerkannt worden war, belehnte er kurz darauf (Anfang Dezember) Karl IV.[1]

Wahrscheinlich etwas früher war es, dass sich dieser König, der fortwährend nach Vergrösserung seiner Hausmacht strebte, von Lupold auch mit der Lehnshoheit über die Burg Reicheneck und die zugehörigen Besitzungen belehnen liess, die bis dahin der Edelmann Ludwig von Hohenlohe als Lehen des Bamberger

---

[1] Über diese Territorialangelegenheit bis zur Schlichtung des Streites s. Lünig, Cod. Germ. I 1109, 1111, 1114, 1115; von demselben Corp. iur. feud. I 1511 ff. Zeitschrift für Gesch. des Oberrheins XXII 180, XXIII 446. Du Mont, Corps diplom. T. I P. II 289—292. Huber Reg. Kar. IV. No. 1640 und Reichssachen No. 184. Reg. Boica VIII 284. — Dass auch Karl IV. und die Pfalzgrafen das Urteil der Erzbischöfe anerkannt haben, ersieht man aus der eben citierten Urkunde des Königs Reg. Boica VIII 284 (vom 12. Dezember 1353) sowie aus den ebenfalls hier citierten Briefen der beiden Pfalzgrafen Lünig Corp. iur. feud. I 1511 ff. (vom 29. Oktober bezw. vom November 1353); die beiden letzteren Schreiben sind zwar noch vor der Fällung des Urteils erlassen, stehen aber in Bezug auf das bambergische Lehnsrecht ganz auf dessen Standpunkte.

Bistums besessen, aber Karl IV. kurz vorher mit Zustimmung Lupolds von ihm gekauft hatte. Diese Herrschaft Reicheneck gehörte als Afterlehen dem Geschlechte der Schenken von Reicheneck, und diese wurden daher sowohl von Lupold als ihrem obersten Lehnsherrn wie auch von Ludwig von Hohenlohe angewiesen, Karl IV. den Huldigungseid zu leisten.[1] — Nachdem Lupold, wie wir vorhin gesehen haben, mit den beiden Pfalzgrafen Ruprecht in Streit geraten war, half er wiederum kurz nach der Schlichtung desselben (25. November) mit anderen Fürsten zusammen dem König einen zwischen jenen beiden Pfalzgrafen über Erbschaftsangelegenheiten ihres Hauses ausgebrochenen Zwist entscheiden, worauf dieses Urteil dann am 17. Dezember noch einmal erneuert wurde.[2]

Am 2. Januar des folgenden Jahres, 1354, erteilte Karl IV. unserem Bischof und dem Bamberger Stift ein Privileg, das von längerer Dauer sein sollte als die früher erwähnte Verleihung der Nürnberger Reichssteuer und zugleich von grösserer Bedeutung für das Stift. Der König erteilte nämlich an diesem Tage Lupold das Recht, in Bamberg goldene Münzen zu prägen. In den zu ihren kärnthischen Besitzungen gehörigen Orten Villach und Griffen hatten die Bamberger Bischöfe schon seit 1242 das Münzrecht besessen, da ihnen Kaiser Friedrich II. dasselbe in diesem Jahre verliehen hatte; und wahrscheinlich haben sie silberne Münzen auch in Bamberg schon vor 1354 geprägt.[3]

---

[1] Über diesen Verkauf von Reicheneck s. die oben citierte Urkunde Karls IV. vom 12. Dezember 1353 (Reg. Boica VIII 284), durch die derselbe nach diesen Regesten den Empfang beider Belehnungen durch die Erklärung bezeugt, „dass er vom Bistum Bamberg die Mannschaft auf dem Hause Reicheneck, dann Velden und den Veldener Forst zu Lehen empfangen habe"; ferner eine Urkunde Ludwigs von Hohenlohe von demselben Tage (Pelzel, Karl IV. Bd. I Urkundenbuch 175) und Lupolds vom 18. Dezember 1353 (Sommersberg Scr. rer. Siles. II 74). — Die Burg Reicheneck lag bei Hersbruck in der Oberpfalz.

[2] Hierüber s. die Urkunden Huber Reg. Kar. IV. Ergänzh. I No. 6731 und Zeitschr. für Gesch. des Oberrheins XXII 196.

[3] Über die Münzprivilegien des Bamberger Hochstifts s. die Urkunde Friedrichs II. von 1242 (bei Ludewig Scr. rer. Bamb. Dipl. S. 1143): Bestätigung dieses Münzprivilegs durch Kaiser Ludwig den Bayer vom 24. November 1331 (Ibid. S. 1154); Urkunde Karls IV. für Lupold vom 2. Januar 1354 (in Hellers Schrift über Bamberger Münzen S. 7, Auszug davon Reg. Boica VIII 287); die spätere Urkunde Karls IV. für ihn vom

Am 3. Februar 1354 verwandelte Lupold die bisherige Pfarrkirche in Forchheim, die dem heiligen Martin geweiht war, in ein weltliches Kollegiatstift, wozu schon sein Vorgänger, Bischof Friedrich, die Genehmigung von seiten des Papstes Clemens VI. erhalten hatte. An die Spitze des so umgewandelten Stifts stellte er einen Propst und Dechanten, und es wurde in der Stiftungsurkunde bestimmt, dass sämtliche Chorherrnstellen, auch die Propstei und das Dekanat, vom jedesmaligen Bischof von Bamberg besetzt werden sollten. Die Verteilung der mit dem Stift verbundenen Ländereien und Zehnten unter die Mitglieder des Kapitels wurde von Lupold erst durch eine spätere Verfügung vom 17. Januar 1355 geregelt.[1]

---

5. März 1357 (bei Heyberger Cod. probat. zu einer Deductio über die Landeshoh. des Fürstent. Bamberg über Fürth No. 35a (vgl. S. 37). Vgl. auch die Angaben hierüber in Meyers Münzkunde Bambergs (im 7. Bericht des hist. Ver. zu Bamb. S. 48 u. 58); die irrtümliche Verlegung des ersten Münzprivilegs für Lupold in das Jahr 1353, die sich hier an mehreren Stellen und auch bei anderen (Ussermann Episc. Bamb. 178, Erhard in Ersch. u. Gruber VIII 281, Jäck, Allgem. Gesch. Bamb. 65) findet, ist zu verwerfen, da in den beiden Urkunden-Abdrücken bei Heller und in den Reg. Boica deutlich der 2. Januar 1354 angegeben ist. — Dass die Bischöfe von Bamberg vor dem März 1357 sicherlich in ihrer Hauptstadt schon silberne Münzen geprägt haben, geht aus dem Wortlaut des zweiten Lupold von Karl IV. in diesem Jahre verliehenen Münzprivilegs (bei Heyberger a. a. O.) hervor, in dem der nunmehrige Kaiser erklärt, dass er Lupold, seinen Nachfolgern und dem Stift zu Bamberg erlaube, in dieser Stadt silberne Münzen zu schlagen „ewiglich, wie sie das vormals gethan haben." Nun wäre es allerdings möglich, dass das hierauf bezügliche Privileg dem Hochstift erst unter Lupolds Regierung verliehen worden wäre; doch habe ich weder aus seiner Regierungszeit noch aus einer früheren Periode der Bamberger Geschichte eine Angabe hierüber gefunden.

[1] S. hierfür die beiden Urkunden aus dem Urkundenbuch des Abts Andreas von Michelsberg (16. Ber. des Ver. zu Bamb.) 123. Die Datierung mehrerer der neueren Bearbeitungen von Lupolds Lebensgeschichte, in denen diese Stiftung erwähnt wird (Erhard a. a. O. 281, Jäck 65, Ussermann 178) und die dieselbe ebenfalls schon in das Jahr 1353 verlegen (Ussermann auf den 5. Januar dieses Jahres, an dem (vgl. S. 26) Lupold noch nicht zur Regierung gekommen war), ist jedenfalls in gleicher Weise wie die zuletzt besprochene Jahresangabe zu verwerfen, da die Stiftung nach der ersteren der eben erwähnten Urkunden erst 1354 stattgefunden hat. Dasselbe gilt von der Angabe bei Erhard und Ussermann (a. a. O.), dass Lupold das neue Kollegiatstift zu einem regulierten Chorherrnstift gemacht habe, da derselbe in der eben erwähnten Stiftungsurkunde ausdrücklich erklärt: „ecclesiam parochialem — in ecclesiam collegiatam clericorum secularium erigimus."

Der im Jahre 1353 von Karl IV. in Franken zustande gebrachte Landfriede, an dem, wie wir gesehen haben, auch Lupold beteiligt war, wurde schon im folgenden Jahre gebrochen, indem sich die Bürgerschaft der Stadt Würzburg gegen ihren Bischof, den schon früher erwähnten Albrecht von Hohenlohe, empörte, da sie durch ihn und die übrige Geistlichkeit der Stadt in mehrfacher Weise geschädigt zu sein glaubte. Der Bischof aber verbündete sich darauf mit mehreren benachbarten Fürsten und begann im Juli, die Stadt zu belagern. Da durch diese Vorgänge jedoch der Landfriede gebrochen war, so soll nun, allerdings nur nach einer Nachricht aus späterer Zeit, auch Lupold mit den übrigen an diesem Friedensbunde beteiligten Fürsten den Bischof von Würzburg ermahnt haben, die Belagerung aufzuheben, und da dies nichts fruchtete, sollen ihn diese Fürsten vor dem Landfriedensgericht angeklagt haben. Zu besonderen Massregeln gegen die streitenden Parteien ist es aber jedenfalls nicht gekommen; denn schon am 24. Juli bewirkte Karl IV., der persönlich hierzu herbeigekommen war, durch einen endgültigen Urteilsspruch eine Schlichtung des Streites.[1]

Am 4. Oktober gab derselbe ferner Lupold die Erlaubnis, ungeachtet des bestehenden Landfriedens, alle Burgen von Edelleuten, die zum Widerstande gegen ihn innerhalb seines Bistums

---

[1] Über diesen Streit zwischen dem Bischof von Würzburg und seiner Hauptstadt s. Mathias v. Neuburg (Böhmer Font. IV) 290, Heinr. v. Rebdorf (Ibid. IV) 541, die Gedenkverse in Mon. Germ. Scr. VI 550 und die Urkunde vom 24. Juli 1354 (Mon. Boica XLII 93). Über den möglichen Anteil Lupolds an dieser Angelegenheit s. Hoffmanni Ann. Bamb. (Ludewig Scr. rer. Bamb.) 203. Einige Wahrscheinlichkeit gewinnt diese Nachricht durch die Urkunde Karls IV. vom 6. August 1854 (Mon. Boica XLII 569): „Wir Karl — römischer künig — embiten den eynlfen uber den lantfrid in Franken — unser küniglich huld. — So haben wir ouch — alle brüche, die geschehen sein von ir beider (des Bischofs und der Stadt Würzburg) wegen wider den lantfrid in Franken in dem obgenanten irem kriege hin gelcit und ab genomen, also daz von sulichen brüchen, ob dheine geschehen weren wider den obgenanten lantfrid, von den geswornen und andern, die zu dem lantfrid gehören, dem vorgenanten — fürsten und seiner stat zu Wirczburg nymmer ufgehaben sulle werden noch gereget in gerichte oder an gerichte. Dorumb gebieten wir euern treuen —, daz ir umb die vorgenanten brüche — dheine rachung mit gerichte oder an gerichte tun sullent." Aus diesen Worten geht wenigstens mit Sicherheit hervor, dass von irgend einer Seite eine Anklage vor dem Landfriedensgericht erfolgt sein muss. — Vgl. auch die Bestimmungen des Landfriedens Mon. Boica XLII 69) S. 28).

errichtet wären, zu zerstören und besonders auch Günther von Schwarzburg mit Gewalt zur Unterwerfung zu zwingen, wenn dieser deswegen zum Kampfe gegen ihn schreiten würde.[1]

Vom Anfange des nächsten Jahres (1355) ist nur ein kleiner Streit Lupolds mit dem Bamberger Kollegiatstift von St. Jakob um einige Besitzungen, die an das bischöfliche Residenzschloss Altenburg angrenzten, zu melden; derselbe wurde am 3. Februar von drei Bamberger Domherren entschieden.[2]

In demselben Jahre wurde aber ferner der Grundstein zu der Marienkirche in Nürnberg gelegt, das ja ebenfalls zum Bamberger Kirchensprengel gehörte. Schon am 16. November 1349 hatte Karl IV. angeordnet, dass die Synagoge in Nürnberg abgebrochen und an deren Stelle eine Kirche zu Ehren der Jungfrau Maria erbaut werden sollte. Dieser Bau kam jedoch erst 1355 zur Ausführung; denn erstens wurde die Niederreissung der Synagoge erst in diesem Jahre vollendet; ferner entschloss sich auch jetzt erst die Gemeinde der Sebalduskirche in Nürnberg dazu, ihre Zustimmung zum Bau der neuen Kirche zu geben, da das für dieselbe bestimmte Grundstück zu ihrem Besitz gehörte und sie das Privileg besass, dass auf ihrem Grundeigentum keine andere Kirche oder Kapelle gebaut werden dürfte. Sie verstand sich daher zu dieser Einwilligung nur auf die Bedingung hin, dass ihr der Kaiser 400 Goldgulden auszahlen liess.[3] So konnte denn endlich am 8. Juli 1355 Karl IV. die Stiftungsurkunde erlassen. Er richtete durch dieselbe drei Vikarieen für die neu zu erbauende Kirche ein, nämlich die Ämter eines Obervikars und zweier Untervikare, die alle drei dem Präcentor des Marienchors in der Prager Domkirche untergeordnet sein sollten. Dieser sollte

---

[1] Reg. Boica VIII 322. Dieser Günther von Schwarzburg ist natürlich verschieden von dem gleichnamigen früheren Gegenkönig Karls IV, der bereits 1349 gestorben war.

[2] Die Urkunde im Kopialbuch des Kollegiatstiftes St. Jakob zu Bamberg (11. Ber. des hist. Ver. zu Bamb.) 35.

[3] Obwohl die Urkunde, in der der Rektor der Sebalduskirche im Namen seiner Gemeinde diese Einwilligung giebt, erst vom 7. August datiert ist, (s. Dobner, Mon. Bohem III 362), so muss die Gemeinde dieselbe doch in irgend einer Form schon am 8. Juli oder vor demselben erteilt haben, da sonst Karl IV. an dem letzteren Tage nicht die Stiftungsurkunde hätte erlassen können.

der Schirmherr der Kirche sein und zugleich dieselbe, so oft es ihm gut schiene, visitieren. Ferner sollte er den Obervikar allein, die Untervikare gemeinsam mit einem Teile der Vikare seines Chors dem jedesmaligen Bischof von Bamberg zur Ernennung vorschlagen. Die Vikare sollten stets auf den Pfründen, die ihnen später zuerteilt werden würden, wohnen und keine anderen Pfründen als die mit dieser ihrer Vikarie verbundenen besitzen. Diese und noch einige andere Bestimmungen, die in der Stiftungsurkunde enthalten waren, bestätigte Lupold auf Bitten des Kaisers am 11. August. Unterdessen war aber schon am 7. dieses Monats der Bau der Marienkirche angefangen worden. 1361 wurde dieselbe vollendet und darauf feierlich eingeweiht. Karl IV. ernannte hierauf selbst die ersten Vikare [1] und verlieh ihnen später am 18. April desselben Jahres als Pfründen zwei Grundstücke in Nürnberg, auf denen sie sich Häuser bauen sollten. Am 11. Januar 1362 bestätigte dann Lupold auf Bitten des Kaisers noch einmal die Stiftung der Kirche und fügte zugleich die Bestimmungen hinzu, dass niemand in derselben begraben und niemals dort Prozessionen abgehalten werden sollten. [2]

Am 22. Juli 1355, also 14 Tage, nachdem Karl IV. die Stiftungsurkunde für die Marienkirche in Nürnberg erlassen, beschränkte er bis zu einem gewissen Grade die richterliche Gewalt Lupolds über seine Hauptstadt Bamberg, indem er den Bürgern derselben das Vorrecht verlieh, dass kein weltlicher Richter sie vor ein auswärtiges Gericht sollte laden dürfen ausser dem römischen König oder solchen, die derselbe ausdrücklich zu Richtern über die Stadt einsetzen würde. Hierdurch wurde vor allem auch die Gewalt des bischöflichen Landgerichts am Roppach

---

[1] Vgl. die Urkunde des Kaisers vom 18. April 1361 bei Murr, Marienkirche 22 und den Urkunden-Auszug über die Ernennung eines Vikars durch Karl IV. bei Lochner, Geschichte der Reichsstadt Nürnberg 145. Man muss dem Kaiser für diesen Fall der ersten Besetzung der Vikarieen ein besonderes Vorrecht zugestanden haben, da er nach der von ihm selbst erlassenen und von Lupold bestätigten Stiftungsurkunde kein Recht zur Ernennung der Vikare hatte.

[2] Über diese Stiftung s. Murr, Beschreibung der Marienkirche 4, 5, 11, mit Urkunden 22 und 29; die Urkunden bei Dobner, Monum. Bohem. III 346, 362, 364; Huber, Reg. Kar. IV. (95) No. 1192. Vgl. ferner Würfel, Dipt. Norimb. I Marienkirche 211–219, 228–230; Lochner, Gesch. der Reichsstadt Nürnb, 145.

über dieselbe aufgehoben. — Ausserdem stellte der Kaiser die Bürger von Bamberg durch dieselbe Urkunde unter den besonderen Schutz des Reiches.[1] — Dagegen hob er am 22. Dezember ein schon von Kaiser Friedrich I. 1163 den Kaufleuten des Bistums Bamberg zugleich mit denen der Stadt Amberg erteiltes Privileg, nach dem denselben ebenfalls durch das ganze Reich Sicherheit ihres Lebens und Eigentums gewährleistet war, sie aber zugleich auch innerhalb desselben von allen Abgaben und Zöllen befreit worden waren, für das Bistum Bamberg auf, indem er bestimmte, dass dieses Privileg von nun an nur für Amberg gelten sollte.[2]

Am 16. November 1356 stiftete Lupold mit Einwilligung seines Domkapitels eine neue Vikarie an der Bamberger Domkirche und bestimmte, dass der Inhaber derselben zugleich die Pfarrei in Hersbruck, über die das Domkapitel zu verfügen hatte, und die damit verbundenen Einkünfte besitzen sollte; nur sollte von den letzteren ein genügender Teil aufgehoben werden, um davon die kirchlichen Abgaben, die mit der Vikarie verbunden sein sollten, zu bestreiten.[3]

Um dieselbe Zeit wurde Lupold auch von Karl IV. die Entscheidung eines Streites zwischen dem Ritter Erkinger von Saunsheim und dem Kloster auf dem Mönchsberge bei Bamberg um die Vogtei über den Mönchhof zu Rodheim und einige andere Rechte in diesem Orte übertragen. Er versprach daher am 25. November, dass er dem eben genannten Ritter, da dieser vor ihm den Anspruch auf jene Rechte erhoben habe, zur Erlangung derselben gegen das Kloster verhelfen wolle. Wahrscheinlich aber hat er sich selbst nicht viel um diese Angelegenheit bemüht, sondern die Untersuchung derselben nach einiger Zeit zwei Geistlichen aus seiner Diözese übertragen. Der Prozess zog sich jeden-

---

[1] Die Urkunde im 28. Ber. des hist. Ver. zu Bamb. 79, Bestätigung der freien Gerichtsbarkeit der Stadt durch Karl IV. am 24. Juni 1363 (s. Huber, Reg. Kar. IV. Ergänzh. I 7107. — Der Roppach ist ein freier Landstrich zwischen Bamberg und dem nordwestlich davon gelegenen Hallstatt (vgl. über das bei demselben gehaltene Landgericht Österreicher, Denkwürdigk. der fränk. Gesch. Stück II S. 58 u. 61).

[2] Die beiden Urkunden Friedrichs I. und Karls IV. s. Löwenthal, Gesch. v. Amberg Urkundenbuch 1 u. 23.

[3] s. Reg. Boica VIII 360.

falls mehrere Jahre hin; erst am 1. Dezember 1360 wurde er in der Hauptsache entschieden, und zwar in der Weise, dass das Kloster die Vogtei über den Mönchhof in Rodheim, Erkinger von Saunsheim dagegen alle anderen zu diesem Dorfe gehörigen Güter und als Entschädigung für seine Ansprüche auf jene Vogtei vom Abte des Klosters 920 Pfund Heller erhalten sollte. Zu dieser Entscheidung gab dann auch Lupold seine Zustimmung.[1]

Am 5. März 1357 bestätigte Karl IV. unserem Bischof das Recht, in Bamberg silberne Münzen zu prägen, welches das Hochstift schon vorher besessen hatte. Seit dieser Zeit haben die Bamberger Bischöfe auf jeden Fall das vollständige Münzrecht gehabt.[2] Ferner verlieh der Kaiser Lupold an demselben Tage das Recht, bei Kronach einen Durchgangszoll zu erheben, und zwar von jedem beladenen Wagen zwei Schilling Heller und von jedem beladenen Karren einen Schilling Heller.[3] Er bewies ihm aber auch in einer noch wichtigeren Sache seine Gunst; denn infolge seiner Verwendung beim Papst Innocenz VI. wurde Lupold von diesem am Tage darauf (6. März) zu seiner Bamberger auch noch die Bischofswürde von Konstanz verliehen, die damals schon über ein Jahr unbesetzt geblieben war. Dass Karl IV. vom Papste die Erhebung Lupolds auch auf diesen zweiten Bischofsstuhl erbat, geschah wahrscheinlich deshalb, weil er glaubte, auf die Anhänglichkeit desselben an ihn rechnen zu können, und damals offenbar die Erledigung jenes Bischofssitzes benutzen wollte, um einen ihm ergebenen Geistlichen auf denselben zu erheben; denn bevor er Lupold dem Papst zu dieser Würde in Vorschlag brachte, hatte er sie bereits für einige andere, besonders mehrere Male für den Bischof von Minden, erbeten. — Aber schon am 15. Mai desselben Jahres entzog Innocenz Lupold in der willkürlichen Weise der damaligen Päpste diese Bischofswürde wieder und übertrug sie einem anderen, worüber auch Karl IV. unwillig geworden sein soll.[4]

---

[1] Die diesen Streit betreffenden Urkunden s. Reg. Boica VIII 361 429; IX 1, 3, 7, 14, 19, 27, 29, 67.

[2] Die Urkunde bei Heyberger, Cod. probat. zur Deductio über die Landeshoh. des Fürstent. Bamb. u. a. No. 35a (vgl. die Verleihung des ersten Münzprivilegs an Lupold S. 31 ff.).

[3] Reg Boica VIII 369.

[4] Über diese Verleihung s. Heinrich v. Diessenhoven a. a. O. 108 ff. 102 u. 103.

Etwa Anfang August traf den Bischof das traurige Schicksal, dass er von seinem eigenen Neffen Engelhard von Bebenburg, dem Sohne seines verstorbenen Bruders Rudolf, zu dessen Vormund er, wie wir gesehen haben, früher eingesetzt worden war, in schnöder Weise gefangen genommen wurde; gleichwohl hat er demselben diese schlechte Handlungsweise verziehen.[1]

Im Anfange des folgenden Jahres (1358) wurde Lupold wiederum zum Schiedsrichter ernannt, und zwar diesmal in zwei Klagesachen, bei denen die daran Beteiligten alle ausserhalb seiner Diözese wohnten. Am 7. April beauftragte ihn nämlich der Papst, die vor ihn gebrachte Klage des Klosters St. Georg in Prüfening (das zum Kirchensprengel von Regensburg gehörte) zu untersuchen, dass einige von demselben namhaft gemachte Geistliche und Ritter aus der Regensburger Diözese sowie ein Bürger aus der Stadt Regensburg selbst dem Kloster Getreide, Pferde, Rinder und einige andere Dinge geraubt hätten. Da nun der Abt und die Mönche die Macht ihrer Widersacher so sehr fürchteten, dass sie nicht wagten, mit denselben innerhalb ihres eigenen Kirchensprengels zusammenzukommen, so sollte Lupold beide Parteien zu sich berufen und dort über diese Sache ein Urteil fällen, von dem dann weiter keine Appellation statthaft sein sollte. Ein ähnliches Schreiben richtete der Papst kurz darauf (12. April) an Lupold in Bezug auf eine andere Klagesache desselben Klosters. Dessen Abt und Konvent hatten, wie es in dem päpstlichen Briefe hiess, Innocenz VI. geschrieben, dass das Kapitel der St. Johanneskirche in Regensburg ihnen früher eine Summe geliehen hätte, die sie jedoch demselben schon samt den Zinsen zurückgezahlt hätten.

---

[1] Über diese Gefangenschaft habe ich nur in zwei ganz kurzen Urkunden-Auszügen Angaben gefunden: Citat einer Urkunde vom 5. August (Sabbato post Petri ad vincula) bei Joannis a. a. O. II 840 und ein Regest in den: Auszügen aus Urkunden zur Gesch. der Herren v. Bebenb. (Zeitschr. des hist. Ver. für Wirtemb Franken Heft VI S. 139), aus denen sich nichts Genaueres über diese Sache entnehmen lässt. Die Gefangennahme ist aber wahrscheinlich nicht vor dem 22. Juli erfolgt, und die Haft hat nicht über den 16. Oktober hinaus gedauert, weil Lupold an diesen beiden Tagen zwei Urkunden (eine zu Bamberg, die andere auf der dabei gelegenen Altenburg, s. 10. Ber. des hist. Ver. zu Bamb. 144 u. 145) erlassen hat, die bischöfliche Regierungsangelegenheiten betreffen, und er während seiner Gefangenschaft doch wahrscheinlich an der Regierung seiner Diözese verhindert gewesen ist.

Nun aber fordere das Kapitel von ihnen ausserdem aufgrund eines angeblich früher mit ihnen abgeschlossenen Kaufvertrages noch für einige Jahre je 3 Pfund und 80 Pfennige Zinsen vom Ertrage der Güter des Klosters. Da aber der Abt und die Mönche desselben auch mit diesen Geistlichen nicht innerhalb des Kirchensprengels von Regensburg zusammenkommen wollten, so gab der Papst durch dieses Schreiben Lupold den Auftrag, diese Sache ebenfalls zu untersuchen und, wenn es sich so verhielte, das Kapitel der Johanneskirche zu mahnen oder nötigenfalls ihm kraft seiner ihm hierdurch verliehenen Vollmacht zu befehlen, dass es auf die Forderung jener Zinsen verzichten und, was es schon über das ursprünglich ausgeliehene Kapital vom Kloster erhalten, demselben zurückerstatten sollte. Innocenz VI. überliess diese beiden Angelegenheiten jedoch Lupold nicht allein, sondern gab am 5. Mai mit ihm zugleich dem Bischof von Augsburg und dem Abt des St Emmeransklosters in Regensburg den Auftrag, dieselben zu entscheiden. Seinerseits liess Lupold sie jedoch über ein Jahr unerledigt und übergab sie dann am 24. Oktober 1359 dem Abt des Klosters Michelsberg (bei Bamberg) und dem Dechanten des Bamberger Domstifts zur Entscheidung, indem er sich nur eine nochmalige Revision des Urteils vorbehielt.[1]

Nachdem inzwischen die Zeit des 1353 abgeschlossenen fränkisch-bayrischen Landfriedensbundes 1356 abgelaufen war, schloss Lupold im Anfange des Jahres 1358 wiederum ein Schutz- und Trutzbündnis, diesmal aber nur mit einer kleineren Anzahl von Fürsten: mit den Markgrafen von Meissen, dem Bischof von Würzburg und den Burggrafen von Nürnberg; doch wurde dabei festgesetzt, dass dieses Bündnis gegen mehrere Länder, besonders auch gegen das Königreich Böhmen, nicht gerichtet sein sollte.[2]

Die Oberlehnshoheit über Velden und den früher den wittelsbachischen Fürsten gehörigen Teil des Veldener Forstes, die beiden Besitzungen, über die ihm dieselbe allein von den im November

---

[1] S. hierüber die Urkunden Mon. Boica XIII 258—261 und Reg. Boica VIII 393. Die Verlegung der beiden ersten Urkunden, vom 7. und 12. April, in den Mon. Boica in das Jahr 1357 ist irrtümlich, da in der Originaldatierung bei beiden steht; „Datum — Pontificatus nostri anno sexto (also, da Innocenz VI. am 18. Dezember 1352 zum Papst gewählt worden war, 1358).

[2] s. die Urkunde bei Stillfried u. Märcker, Mon. Zoller. III No. 390.

1353 als Lehen von ihm beanspruchten durch den damals erfolgten Schiedsrichterspruch zuerkannt worden war, sowie ferner auch über die Burg Reicheneck gab er am 25. Juni 1358 — wir wissen nicht, aus welchem Grunde — ebenfalls auf und erhielt dafür von Karl IV., der hierdurch also das freie Eigentumsrecht über diese Besitzungen erlangte, nur die Lehnshoheit über die Burg Werdek in Böhmen, die bis dahin ein gewisser Ulrich von Bruneck vom Kaiser zu Lehen besessen hatte und daher jetzt von Lupold als solches empfing.[1] Vom Veldener Forst aber gehörte dem Bamberger Hochstift gleichwohl noch ein bedeutender Teil als unmittelbarer Besitz. — Nun kaufte Lupold jedoch einmal im Laufe seiner Regierungszeit eine Anzahl von Besitzungen, die früher dem ohne männliche Erben verstorbenen Grafen Konrad von Schlüsselberg gehört hatten: nämlich Neideck, Weischenfeld, Senftenberg, Ebermannstadt, einen Teil von Streitberg, von Schlüsselfeld, Greifenstein und Tunfeld; da er mit seinem Domkapitel dahin übereingekommen war, dass das Bistum durch diesen Kauf grossen Gewinn haben würde. Das letztere konnte jedoch die hierzu erforderliche Kaufsumme nicht aufbringen, ohne dass einige andere von seinen Gütern veräussert wurden. Daher verkaufte Lupold dem Kaiser am 7. Dezember 1359 auch noch den Rest von dem Teile des Veldener Forstes, den sein Bistum bis dahin noch auf dem linken Ufer der Pegnitz besessen hatte, für 2100 Schock grosse Prager Pfennige, während er dagegen noch die ganze andere Hälfte des Forstes, die auf dem rechten Ufer dieses Flusses lag, behielt; die Pegnitz bildete daher von jetzt ab die Grenze der beiderseitigen Territorien.[2] Da jedoch die vorhin

---

[1] Die hierauf bezüglichen Urkunden s. Reg. Boica VIII 397 u. 398. Das jetzige Dorf Werdek liegt bei Königinhof.

[2] Die Urkunden über die schlüsselbergische Erbschaft und den Verkauf eines Teiles des Veldener Forstes s. Mon. Boica XLI 391, Lünig, Reichsarchiv XVII 1080. Die Gegenurkunde Karls IV. über den Verkauf Lupolds (Glafey Anecdota 90 u. 22. Ber. des hist. Ver. zu Bamb. 126) ist erst am 14. oder 17. April 1360 erlassen, daher wohl auch die irrtümliche Meinung bei Jäck a. a. O. 66 und Erhard a. a. O. 281, dass dieser Verkauf selbst erst 1360 erfolgt sei. — Was den Ankauf der schlüsselbergischen Güter betrifft, so sagt Lupold in seiner Urkunde vom 7. Dezember 1359 (Lünig a. a. O.) ausdrücklich: „Wir Lupold — thun kund, — dass wir — in Meinunge zu kauffen unsern Stift, die hernach geschrieben Vesten, die des Edlen Mannes, Herrn Conrads von Schlüsselberg seeligen gewesen seyn,

genannte Summe, die das Bamberger Hochstift durch diesen Kaufvertrag erlangt hatte, noch nicht zur Bezahlung der von der schlüsselbergischen Erbschaft gekauften Burgen und Ortschaften ausreichte, so verkauften Lupold und das Domkapitel von Bamberg ferner noch Ende November oder Dezember 1361 an Karl IV. das Dorf Erlangen mit den zugehörigen Besitzungen, mit Ausnahme des dabei gelegenen Waldes, für 2225 Pfund Heller, die sie dann zur vollständigen Tilgung der Schulden verwandten, die noch auf dem

---

zum ersten Neudeck, Weichsenfeldt, Sennftenberg, Ebermanstadt, seinen Teil an Streitberg, seinen Teil, den er hat an Schlüsselfeldt, seinen Teil zum Greiffenstein, und was er zu Tunfeld hat mit allen ihren Zugehörungen; — davon so haben wir die vorbenanten Vesten — uns und unsern Stift um ein genandte Summa Geldts kaufft, als in den Briefen vollkommenlich ist begriffen, die darüber beyderseits geben seyn"; und auch Karl IV. sagt in der oben angeführten Gegenurkunde von denselben Gütern (nur steht statt Tunfeld hier Schönfeld), dass Lupold sie früher für sein Bistum gekauft habe. Ebenso heisst es in der Urkunde über den Verkauf von Erlangen vom 26. Dezember 1361 (Pelzel Karl IV. Bd. II U. B. 281): Nos Leopoldus — episcopus nec non — capitulum ecclesie Bambergensis. Notum facimus —, quod cum iam dudum bona de Slüsselburg pro nobis et eadem nostra Bambergensi ecclesia emissemus etc." Dies ist jedoch nur dadurch zu erklären, dass von den Besitzungen, die durch die Teilungsurkunde vom 12. Mai 1349 (Mon Boica a. a. O.) den Bischöfen von Bamberg und Würzburg zusammen oder allen an dieser Erbschaft beteiligten Fürsten gemeinsam zugesprochen wurden: [Zu dem ersten sollen die vesten Senftenberk und Tunnefelt, — one der von Tunnefelt teyle an der vesten ze Tunnefelt — und auch Ebermanstat und Slüzzelfelt geutzlich und unverzogenlich ingeentwurt werden uns den vorgenanten byschöffen und unsern stiften ze Babenberk und ze Wirtzburk. — Und swaz gut darzu (zu der gebrochenen Feste Rotenstein) gehörn, die gehörn in dyse teylung nach der fünfer rat und heizze. — Und swaz gut, one die vorgenanten höltzer, zu der selben vesten Rabenstein gehören, die sol man auch teylen. — Und an dem andern halpteil (sc der Güter, die in das Gericht zum Neuenhof gehören) sol uns den burkgraven — bliben ein vierteil (also das andere Viertel den beiden Bischöfen). — Auch wir die vorgenanten burkgraven bekennen für uns und alle unser erben, daz wir — keinerley ansprache — haben sollen zu den vesten Nydegge, Wyschenfelt, Stryperk und Gryfenstein." (Diese vier Besitzungen müssen daher ebenfalls den beiden Bischöfen zugefallen sein.)] dem Bischof Friedrich von Bamberg aus irgend einem Grunde nur ein kleiner Teil zugefallen ist. Denn wenn die von Lupold später gekauften Güter oder ein Teil derselben wirklich schon einmal unter seinem Vorgänger an das Bistum Bamberg gekommen wären (s. Erhard a. a. O. 281, Jäck 63 ff., Stein, Gesch. Frankens I 358, Ussermann Episc. Bamb. 177), so wäre doch jedenfalls anzunehmen, dass in einer der drei vorhin angeführten während Lupolds Regierungszeit ausgestellten Urkunden hierauf hingewiesen wäre.

Bistum infolge des vorhin erwähnten Kaufes lasteten.[1] — Das Recht auf jenes ehemals schlüsselbergische Landgebiet wurde dem Bischof übrigens noch einmal im Jahre 1360 von der Gräfin Sophie von Zollern streitig gemacht.[2]

Um dieselbe Zeit, als das Bamberger Hochstift einen Teil des Veldener Forstes verkaufte, wurden ihm auch mehrere andere Besitzungen bestritten, und zwar von seiten des Albrecht von Punzendorf, eines Unterthanen des Burggrafen Friedrich von Nürnberg. Dieser Punzendorfer erhob vor dem Landgericht seines Herrn zu Nürnberg Anspruch auf eine Anzahl von Gütern des Bistums; möglich ist es auch, dass er noch eine zweite Klage gegen dasselbe eingebracht hat. In einer Sache erlangte er jedenfalls vor diesem Gericht ein Urteil, das ihm Recht gab, für das Bistum dagegen ungünstig war. Dieses Urteil wurde darauf auch am 14. Dezember 1359 vom kaiserlichen Hofrichter zu Prag bestätigt. Lupold verhängte jedoch seinerseits über das Landgericht den Bann und erhob zugleich vor dem Kaiser die Klage, dass er und die Geistlichkeit seines Bistums durch dieses Gericht hart und gegen die allen Geistlichen zukommenden Rechte verfolgt würden. Infolge dessen befahl Karl IV. am 22. Dezember dem Burggrafen Friedrich, alle Urteile, die von seinem Landgericht gegen den Bischof und sein Stift gefällt seien, auch soweit das kaiserliche Hofgericht in Prag sie schon bestätigt habe, zu suspendieren, bis der Bischof selbst vor ihm erschienen sei; dann wolle er mit demselben in Gegenwart des Burggrafen ein Verhör anstellen und über alle jene Angelegenheiten entscheiden. Doch habe er auch dem Bischof geschrieben, dass derselbe den Bann, den er über das Landgericht verhängt, bis zu dieser Entscheidung aufheben solle. Wann jedoch die letztere erfolgt ist und welches ihr Inhalt war, darüber fehlt uns bis bis jetzt jede Nachricht.[3]

---

[1] Verkaufsurkunde Lupolds und des Domkapitels vollständig Pelzel Karl IV. Bd. II U. B. 281 (hiernach vom 26. Dezember), Auszug bei Huber Reg. Kar. IV. Reichssachen No 359 (hiernach vom 26. November). Beide Datierungen lassen sich in gleicher Weise als möglich erklären; doch kann der Verkauf selbst jedenfalls nicht später als am 23. Dezember abgeschlossen sein, da an diesem Tage die Gegenurkunde Karls IV. (Reg. Boica IX 51) erlassen ist.

[2] s. hierüber die Urkunde vom 22. September 1360 (Mon. Zoller. III 392).

[3] Über diese Streitigkeiten mit Albrecht von Punzendorf s. Reg.

In der Mitte des Juli 1360, zu der Zeit, als Karl IV. wiederum in Nürnberg einen Reichstag hielt, muss er durch irgend einen Umstand gegen Lupold in Zorn geraten sein; denn er soll zu dieser Zeit beabsichtigt haben, mit der Stadt Nürnberg gegen denselben zu Felde zu ziehen; nach demselben Bericht, der allerdings in manchen Punkten nicht zuverlässig erscheint, brachte jedoch einer der Rheinpfalzgrafen noch rechtzeitig durch Unterhandlungen eine Einigung (oder Versöhnung) zwischen beiden zustande, indem er bewirkte, dass der Bischof zugunsten des Kaisers auf 2000 Gulden, die er der Stadt Nürnberg geliehen, verzichtete und zugleich schwören musste, für den Fall, dass gegen die Grafen von Wirtemberg, gegen die sich damals mancherlei Klagen erhoben hatten, ein Reichskrieg unternommen würde, zu demselben seine ganze Macht aufzubieten. Wenn diese Angaben richtig sind, so wäre Lupold hierdurch gezwungen worden, thatsächlich zu dieser Heerfahrt, die bald darauf wirklich unternommen wurde, wenigstens die Streitkräfte seines Bistums, über die er verfügen konnte, hinzusenden. Es wird uns jedoch durch keine andere Quelle berichtet, dass Lupold persönlich Anteil an derselben genommen oder auch nur Mannschaften hierzu gestellt hätte. [1]

Boica VIII 429 u. 430, Mon. Zoller. III 361. Aus den Regesten der beiden Urkunden vom 14. Dezember 1359 (Reg. Boica VIII 429) ist nicht klar ersichtlich, ob jene Güter vom Punzendorfer als vollständiges Eigentum oder nur als Pfand in Anspruch genommen wurden.

[1] Auszug des auf diese Vorgänge bezüglichen Schreibens, „eines Ungenannten, wahrscheinlich an die Stadt Strassburg" (vom 16. Juli 1360) bei Huber, Reg. Kar. IV. Reichssachen No. 338. Die für Lupold in Betracht kommende Stelle des Auszugs lautet: „Der Kaiser wollte mit Nürnberg aus sein auf den Bischof von Bamberg in der Woche an St. Margarethentag, aber der Herzog von Heidelberg habe es durch Unterhandlungen dahin gebracht, dass der Bischof dem Kaiser aufgeben musste 2000 flor. Geldes, die er auf der Stadt hatte zu Nürnberg, und auch schwören musste, dem Reich zu helfen mit ganzer Macht." Abgesehen von einigen anderen Stellen des Schreibens, nach denen es scheint, als wenn der Verfasser desselben nicht genau über die Verhältnisse unterrichtet war, ist in der hier angeführten Stelle besonders der Umstand unwahrscheinlich, dass der Kaiser sich wie ein einfacher Reichsfürst oder Graf mit der Stadt Nürnberg hätte in eine Fehde gegen den Bischof von Bamberg einlassen wollen, was besonders zum Charakter Karls IV. garnicht passen würde. — Vgl. hiermit auch Stälin, Wirtemb. Gesch. III 266 ff.

Bemerkenswert ist noch, dass der Graf Eberhard von Wirtemberg sich in demselben Jahre von Lupold die Belehnung mit der Stadt Dornstetten bestätigen liess, die schon sein Vater Eberhard 1323 vom damaligen Bischof Johann von Bamberg zu Lehen genommen hatte.[1]

Aus dem Jahre 1361 muss noch erwähnt werden, dass am 9. Januar desselben der kaiserliche Hofrichter in Nürnberg Lupold mit einigen anderen Fürsten zum Beschützer der Rechte des Regensburger Schultheissen Heinrich Zan auf ein jährliches Einkommen von 1000 Pfund Gold vom Ertrage der Güter seiner Stadt einsetzte, das demselben gerichtlich zugesprochen war.[2]

Im Anfang des Jahres 1362 schloss Lupold mit dem Herzog Rudolf IV. von Oesterreich, von dessen Gebiet die kärnthischen Besitzungen seines Bistums grösstenteils umschlossen waren, wechselseitige Bündnisverträge. Er hatte hierbei nur die Absicht, sich mit diesem mächtigen Nachbarn in ein günstiges Verhältnis zu setzen. Der Herzog dagegen wollte sich durch dieses Bündnis den südlichen Teil seiner Besitzungen während eines Krieges, den er damals im Verein mit den Königen von Ungarn und Polen und mehreren deutschen Fürsten gegen Karl IV. unternehmen wollte, für den Fall eines Angriffs von seiten seiner südlichen Nachbarn sichern. Er liess sich daher von Lupold die schriftliche Zusicherung geben, dass ihm derselbe mit den Streitkräften seiner kärnthischen Gebietsteile bei Kriegen in Kärnthen, Krain und Friaul Beistand leisten wolle, während er auch seinerseits am 26. April Lupold gegenüber in ähnlicher Weise die innerhalb seiner Länder gelegenen bambergischen Enklaven zu schützen versprach. Der Bischof aber blieb mit Karl IV. auch nach dem Abschluss dieser Verträge in dem bisherigen guten Verhältnis, indem in denselben ausdrücklich bestimmt wurde, dass er Rudolf gegen den Kaiser keinen Beistand zu leisten verpflichtet sein sollte. Die Dauer dieses Bündnisses wurde auf sechs Jahre festgesetzt; auch für den Fall, dass Lupold noch vor Ablauf dieser Zeit sterben oder abdanken würde, sollte der Vertrag zwischen dem Herzog

---

[1] Registr. Burghut. eccl. Bamb. (18. Ber. des hist. Ver. zu Bamb.) Die Stadt Dornstetten liegt bei Freudenstadt im jetzigen württembergischen Schwarzwaldkreis.

[2] Mon. Zoller. III 400.

bezw. seinen Nachkommen und dem Bamberger Bistum wenigstens noch ein Jahr in Kraft bleiben. Das Bündnis wurde am 28. April des nächsten Jahres (1363) von seiten des Herzogs noch einmal bekräftigt.[1]

Bald nach dem ersten Abschluss dieses Vertrages, am 17. Mai 1362, inkorporierte Lupold dem Kloster Michelfeld, das sich damals infolge von mancherlei Unglücksfällen in grosser Armut befand und dem er schon einmal mehrere ältere Privilegien bestätigt hatte, auf dessen Bitte die Pfarrei des nahe bei demselben gelegenen Ortes Auerbach, um auf diese Weise die Einkünfte des Klosters zu erhöhen. Durch die hierüber von Lupold ausgestellte Urkunde wurde daher von demselben zur Verwaltung des Pfarramtes an der Kirche in Auerbach eine stehende Vikarie errichtet deren Inhaber ihm vom Abt und Konvent des Klosters zur Ernennung vorgeschlagen werden sollte. Diesem wurden neben den Funktionen der Seelsorge noch die weiteren Verpflichtungen auferlegt, die in seinem Orte einkehrenden Fremden als Vertreter des Klosters zu bewirten, die Abgaben an den Bischof und an den Archidiakon des Bezirks zu zahlen und deren sonstige Rechte wahrzunehmen sowie auch die nötigen Leistungen an die päpstlichen Nuntien und bischöflichen Visitatoren, wenn solche den Ort berührten, zu entrichten. — Eine ähnliche Vikarie, deren Inhaber in derselben Weise dem jedesmaligen Bischof von Bamberg zur Ernennung vorgeschlagen werden und die gleichen Verpflichtungen haben sollte, errichtete Lupold am 2. Juli 1363 an der Pfarrkirche zu Untersteinach, als er dem Kloster Kulmbach auf dessen Bitte das Patronatsrecht über dieselbe, das ihm vom Burggrafen Johann II. von Nürnberg verliehen worden war, bestätigte [2]

Von weniger wichtigen Vorfällen muss hier aus dem Jahre 1362 noch erwähnt werden, dass der Bischof am 1. Januar dieses Jahres von Karl IV. mit einer Anzahl anderer Fürsten und Städte beauftragt wurde, den Anspruch des Edelmannes Ulrich von Hanau auf die Burg und Stadt Luden, die ihm gerichtlich als Lehen von den Pfalzgrafen am Rhein zuerkannt worden waren,

---

[1] S. die Urkunden in Lünigs Reichsarchiv XVII 47 u. 48, vgl. Huber, Geschichte des Herzogs Rudolf IV. von Österreich 74—78, 84 u. 85.

[2] Diese beiden Inkorporationsurkunden s. Ussermann, Episc. Bamb. Cod. probat. nr. 235, Mon. Zoller. IV 11; vgl. hierzu Mon. Boica XXV 109.

gegen den gleichen Anspruch des Gerlach von Hohenlohe zu verteidigen; bei der Führung des langwierigen Prozesses, der sich hieraus entspann und der auch beim Tode Lupolds noch nicht zu Ende war, hat derselbe jedoch keine hervorragende Rolle gespielt.[1]

Nachdem schon einmal, wie wir gesehen haben, der Unwille des Kaisers gegen Lupold nur mit Mühe besänftigt worden war, geschah es in dem zuletzt erwähnten Jahre, und zwar diesmal infolge seiner eigenen Schuld, dass sich Karl IV. von neuem unfreundlich gegen ihn zeigen musste. Dem Bischof war nämlich früher einmal vom ersteren das Recht verliehen worden, in seiner Hauptstadt Bamberg sowie auch in einigen anderen Städten seines Bistums und auf dem platten Lande eine Verbrauchssteuer, wahrscheinlich besonders von Wein und Bier, zu erheben, und er hatte aufgrund dessen in der That eine Abgabe für diese beiden Getränke, allerdings nur in Bamberg, eingeführt. Später hatte der Kaiser jedoch erfahren, dass nach einem alten Übereinkommen des Bischofs Berthold und seines Domkapitels mit anderen Prälaten seines Hochstifts und der Stadt Bamberg vom Jahre 1264 keine Verbrauchssteuer mehr im Bistum erhoben werden sollte, was ihm Lupold, obwohl er selbst bei seiner Wahl gelobt hatte, diese Verordnung aufrecht zu erhalten, früher verschwiegen hatte. Daher entzog ihm Karl IV. am 3. Oktober 1362, nachdem er von diesen Umständen Kunde erhalten, jenes früher verliehene Privileg wieder, und der Bischof sah sich infolge dessen genötigt, am 24. Januar 1363 diese Steuer aufzuheben und noch einmal zu geloben, dass er eine derartige Abgabe wenigstens nicht ohne Genehmigung des Domkapitels wieder einführen wolle.[2]

Zum Schluss soll hier noch das System der Burghutverleihungen kurz geschildert werden, das für die Geschichte des Bistums Bamberg in jener Periode von besonderer Wichtigkeit gewesen ist. Dieses System hatte bei Lupolds Regierungsantritt im Hochstift bereits unter einer Reihe von Bischöfen bestanden und sollte dazu dienen, besonders den Adel der benachbarten

---

[1] Urkunden hierzu bei Huber Reg. Kar. IV Nachträge No. 6331, 6335, 6338 Ergänzh. I No. 7094.

[2] Über diese Steuer s. die beiden Urkunden vom 3. Oktober 1362 und 24. Januar 1363 bei Böhmer Reg. Kar. IV. No. 3881 und Reg. Boica IX 75.

fränkischen Gebiete in den Dienst des Bistums zu ziehen sowie den in demselben angesessenen in noch grössere Abhängigkeit vom Hochstift zu bringen als bisher; daneben wurden zu dem letzteren Zwecke auch mit Leuten aus der übrigen Bevölkerung des Bistums Burghutverträge geschlossen. Hiermit verfolgten die Bischöfe wiederum die weiteren Absichten, den fortwährenden Fehden und Gewaltthaten der Edelleute, durch die ihr Land damals noch vielfach heimgesucht wurde, ein Ende zu machen und zugleich das ganze Fürstentum allmählich zu einem einheitlichen Staatsorganismus umzuschaffen. An der Förderung dieser Ziele hat nun Lupold durch die häufigen Burghutverleihungen, die auch unter seiner Regierung stattfanden, ebenfalls mitgewirkt.

Das System selbst lässt sich in zwei Hauptarten zergliedern. Bei der ersteren übernahmen die Männer, die ein solches Verhältnis eingingen, die Verpflichtung, mit einer oder mehreren ihnen selbst gehörigen Besitzungen dem Hochstift Bamberg zu dienen, d. h. diese in allen Kämpfen des Bistums gewissermassen zu Bollwerken für dasselbe zu machen. In diesem Falle erhielten sie vom Bischof stets eine bestimmte Geldsumme ausgezahlt. So gab z. B. 1359 Lupold dem Konrad Eglofstein 100 Pfund Heller, und dieser übernahm dafür in dem ihm gehörigen Orte Gelnreut den Burgdienst für das Bistum. Nur ein Beispiel findet sich in dem uns überlieferten Verzeichnis der Bamberger Burghutverleihungen, dass eine Familie, die sich verpflichtete, mit einer eigenen Besitzung dem Hochstift zu dienen, allerdings ebenfalls eine Geldsumme erhielt, aber angewiesen wurde, dieselbe zur Erwerbung eines bestimmten Masses von Grundeigentum in der Nähe ihrer Burg zu verwenden, das sie dann dem Bischof übergeben und wieder von ihm als Burglehen empfangen sollte.[1]

---

[1] Höfler (Deutsche Zustände u. a. als Einleitung zum Registr. Burghut. eccl. Bamb. im 18. Ber. des hist. Ver. zu Bamb. 67 ff.) führt allerdings den Fall des Burgdienstes auf Gütern der betreffenden Burghüter, die denselben als freier Besitz angehören, nicht an, indem er sagt; „Man wird gestehen müssen, dass es im ganzen kein besseres Mittel gab, eine innere Ordnung des Staates — zu begründen, — als, entweder die wirklichen Besitzer von Burgen und Orten zu veranlassen, ihr Eigentum geradezu in Lehen umzuwandeln und so in bestimmte Verpflichtungen zu dem Bischof bezw. seiner Kirche zu treten oder geradezu dem einen oder dem anderen eine Burghut zu verleihen und dafür die Verpflichtung entgegenzunehmen, samt seinen Nachkommen treu der Kirche dienen zu wollen."

Die andere, weit häufiger vorkommende Art der Burghutverleihung aber war die, dass die Burghüter den Dienst in einer dem Hochstift gehörigen Ortschaft oder Burg bezw. abwechselnd in mehreren derselben übernahmen. Hierbei muss man wiederum zwei Fälle unterscheiden. Im ersteren erhielten die Burghüter ebenfalls eine bestimmte Geldsumme, nahmen aber dafür in der Regel ihre eigenen Güter oder einen Teil derselben vom Bischof zu Lehen. So erhielt z. B. 1354 der Ritter Hermann von Bernheim von Lupold 70 Pfund Heller, dafür übergab er demselben die Hälfte seines Gehöftes in Geulichstein und empfing es von ihm als Burglehen. Den Burgdienst übernahm er dafür in Scheinfeld.[1]

Dass jedoch die von mir hier als die oben bezeichnete Art angeführten Burghutverträge in keine dieser beiden Kategorieen Höflers gehören (hierzu sind unter anderen auch die beiden Verträge mit Heinrich von Aufsess von 1355 und 1357, der mit Konrad Eglofstein von 1359, mit Konrad von Aufsess von 1361 zu rechnen), scheint mir am besten aus dem Vertrage mit den Herren von Schaumberg von 1358 ersichtlich, durch den sich dieselben verpflichten, „cum castro suo Schaumberg" dem Hochstift zu dienen. — Daher werden ihnen 99 Pfund Heller zum Erwerbe von vier Hufen bei Schaumberg gegeben, die sie als Burghut besitzen sollen: Dass ihnen die Burg Schaumberg nicht als Burglehen überwiesen ist, ergiebt sich aus der Bezeichnung „cum castro suo Schaumberg" ohne weiteren Zusatz und daraus, dass sie als Burghut die noch in Zukunft zu erwerbenden vier Hufen bei Schaumberg besitzen sollen. Hiernach ist es jedenfalls mit Sicherheit anzunehmen, dass die Herren von Schaumberg sowie alle anderen (s. die oben Genannten), bei denen die Burgen bezw. Ortschaften, in denen sie für den Bischof den Dienst leisten, im Registr. Burghut. als ihre eigenen bezeichnet werden, dieselben als freies Eigentum besessen haben. — In Bezug auf die Bemerkung Höflers (a. a. O.): „Derjenige, der die Burghut übernahm, empfing — eine grössere oder geringere Summe Geldes, teils ein- für allemal, teils jährlich", ist noch zu sagen: Wenn die Burghüter überhaupt eine Geldsumme erhielten (was, wie aus den Angaben des Registr. Burghut. hervorgeht, nicht immer der Fall gewesen ist), so müssen sie dieselbe stets ein- für allemal erhalten haben; denn nur in einigen Verträgen, in denen eine Kündigung derselben gestattet wird, ist festgesetzt, dass der Burghüter im letzteren Falle dieselbe Summe, die er ursprünglich vom Bischof erhalten, demselben zurückgeben soll; in den übrigen hier in Betracht kommenden Urkunden-Auszügen ist ebenfalls nur von der einmaligen Verleihung einer Geldsumme die Rede.

[1] Nur selten ist es wohl vorgekommen, dass auch jemand, der in einer dem Bistum gehörigen Besitzung den Burgdienst übernahm, für die Geldsumme, die er hierfür erhielt, angewiesen wurde, neuen Grundbesitz, Zehnten oder ähnliche Arten von Einnahmequellen zu erwerben, die er dann wahrscheinlich ebenfalls vom Bischof zu Lehen nahm (vgl. den Burghutvertrag mit Konrad Steinfeld von Zeyl von 1356).

Häufig erhielten die Burghüter dagegen auch ursprünglich dem Bistum gehörige Besitzungen als Lehen; als Beispiel hierfür kann die durch Lupold im Jahre 1354 erfolgte Verleihung von Burggütern in Eichelberg und Trebesch an Kuno von Punzendorf dienen, der dafür den Burgdienst in Steinberg übernahm. — Wie man aus den beiden zuletzt angeführten Beispielen ersieht und auch bereits vorher erwähnt wurde, verpflichteten sich die Burghüter in beiden Fällen oft nur zum Dienst auf einer bestimmten dem Hochstift gehörigen Besitzung. Vielfach kam es aber auch vor, dass sie zur Verteidigung eines jeden festen Platzes desselben herangezogen wurden, der gerade des Schutzes zu bedürfen schien. So machte sich z. B. Walter von Streitberg, als ihm von Lupold 1357 Sieghardsberg und Blankenstein zu Lehen gegeben waren, dafür anheischig, den Burgdienst überall zu übernehmen, wo es der Bischof verlangen würde.

Aus dem bisher Gesagten ersieht man, dass die für den Burgdienst von seiten des Bamberger Hochstifts erfolgten Verleihungen von Grundbesitz ein Lehnsverhältnis zwischen diesem und den Burghütern bedingten und selbst da, wo die letzteren keinen Landbesitz zu Lehen nahmen, wenigstens eine jenem ähnliche Verbindung zwischen beiden Teilen eingegangen wurde. Doch zählten auch die für den Burgdienst zuerteilten Lehen hier im Bambergischen wie überall nicht zu den rechten Lehen, weil mit ihnen nicht die Verpflichtung zum Reichskriegsdienst verbunden war. Obwohl daher das Burghutverhältnis in mehreren wichtigen Punkten mit der letzteren Art des Lehnsverhältnisses übereinstimmte, so unterschied es sich doch von diesem besonders dadurch, dass oftmals, selbst wenn der Vertrag auch für die Erben des Burghüters abgeschlossen wurde, man dennoch bestimmte, dass er zu jeder Zeit sollte aufgehoben werden können. Der häufigere Fall war es nun, dass beide Teile gleichmässig das Recht erhielten, einander den Vertrag aufzukündigen. So wurde z. B. bei der Übernahme des erblichen Burgdienstes von seiten Heinrichs von Aufsess zum Wustenstein im Jahre 1355 zwischen diesem und Lupold abgemacht, dass, wenn der Bischof von Bamberg oder die Herren von Aufsess den Vertrag nicht mehr halten wollten, der betreffende Teil es dem anderen anzeigen sollte, worauf dann nach einem Vierteljahr jene Edelleute die Goldsumme, die sie vom Hochstift für die Übernahme des Burgdienstes erhalten hatten, demselben zurückgeben und damit der Verpflichtung zum letzteren entledigt sein sollten. Einige Male aber hat auch Lupold bei Abschliessung der Verträge das Recht, zu jeder Zeit dieselben rückgängig zu machen, allein sich bezw. seinen Nachfolgern vorbehalten.

Unter den letzteren wurde dann dieses Burghutsystem soweit ausgedehnt, dass am Ende des Jahrhunderts sämtliche Adelsgeschlechter Oberfrankens und auch viele der benachbarten Gebiete durch Burghutverträge an das Hochstift geknüpft waren und dadurch in der That veranlasst wurden, ihren fortwährenden Angriffen auf das Besitztum desselben, die viele von ihnen noch bis vor kurzem unternommen hatten, ein Ziel zu setzen; auf diese Weise bekam das Bistum wenigstens vor diesen Feinden Ruhe, während manche andere Staaten Deutschlands damals noch viel von der Fehdelust des benachbarten und des ihnen unterthänigen Adels zu leiden hatten. Andererseits lag in diesem Burghutsystem aber auch der Ursprung der späteren Adelsherrschaft im Hochstift und des hieraus folgenden Kampfes der Adeligen mit den Bürgern und Bauern. Infolge der engen Beziehungen, in die jene Adelsfamilien zum Bamberger Hochstift getreten waren, wurden nämlich Angehörige derselben jetzt häufig veranlasst, sich um Stellen im Domkapitel zu bewerben, die ihnen von seiten des Stiftes um so bereitwilliger erteilt wurden, als man hierin mit Recht ein zweites sehr wirksames Mittel sah, die Interessen ihrer Familien mit denen des Bistums zu verknüpfen. Auf diese Weise kam es endlich dahin, dass der fränkische Adel sämtliche Stellen des Domkapitels, um dieselbe Zeit aber auch die übrigen höheren geistlichen Würden des Bamberger Bistums in seinen ausschliesslichen Besitz brachte. Dies erregte natürlicherweise unter den Bürgern und Bauern desselben grosse Unzufriedenheit, und hieraus entstand ein lange andauernder Kampf der letzteren Stände gegen die Bischöfe und das Domkapitel. Unter der Regierung Lupolds III. war jedoch ein so vollständiges Übergewicht des Adels noch nicht eingetreten, und dieser Umstand hat daher ohne Zweifel viel dazu beigetragen, dass Lupold noch im allgemeinen mit allen Ständen seines Bistums in gutem Einvernehmen geblieben ist.[1]

---

[1] Über diese Burghutverleihungen und deren Folgen s. Registr. Burghut. ecclesie Bambergensis (im 18. Ber. des hist. Ver. zu Bamb.) Die an-

Überhaupt kann man, was das Ergebnis seiner gesamten Regierung betrifft, wohl sagen, dass dieselbe im ganzen eine glückliche war. Zwar ist es Lupold, wie wir gesehen haben, weder beschieden gewesen, in die allgemeine Reichspolitik entscheidend einzugreifen, noch, sich in der Verwaltung seines eigenen Landes oder seiner Diözese in besonderer Weise auszuzeichnen. Aber wie mit seinen eigenen Unterthanen, so hat er auch mit den benachbarten Territorien, wenn er nicht gerade zum Kampfe gezwungen wurde, stets Ruhe und Frieden erhalten, ohne dabei seine Rechte oder die seines Stiftes preiszugeben; im Gegensatz besonders zu dem benachbarten Bischof Albrecht von Würzburg, der fortwährend in auswärtigen und inneren Streitigkeiten begriffen war. Die innere Entwickelung des Bamberger Bistums ist unter Lupolds Regierung ebenfalls in mancher Beziehung fortgeschritten, und es ist daher wohl glaublich, dass, wie uns ein neuerer Geschichtsschreiber [1] berichtet, sein zwischen dem 26. und 28. Oktober 1363 erfolgter Tod in seinem Lande allgemein betrauert wurde und er daher dort auch ein gutes Andenken hinterlassen hat. [2]

---

geführten Beispiele s. ibid. 73, 77, 79, 92, 99, 102, 104, 117, 138. Vgl. die Einleitung hierzu von Höfler (Deutsche Zustände u. a. ibid. 67 ff.); ferner Einleitung von demselben zum Rechtsbuch Friedrichs von Hohenlohe (Quellensamml. für fränk. Gesch. III) S. LXII, LXVIII, LXXV—LXXIX, LXXXVII; Schröder, Lehrbuch der deutschen Rechtsgesch. 383, 393, 395, 397.

[1] Jäck 66.

[2] Die zeitgenössischen Angaben über den Todestag Lupolds sind folgende: die Kalendarien der Kathedralkirche und der St. Gangolphskirche zu Bamberg (nach den Auszügen aus den vorzüglichsten Kalendarien u. a. im 7. Ber. des hist. Ver. zu Bamb. 279) geben den 28. Oktober an; das erstere ist zugleich die einzige gleichzeitige Quelle, die das Todesjahr, 1363, enthält; die Kalendarien der St. Stephans- und St. Jakobskirche (ebenfalls zu Bamberg) (ibid. 278) setzen den 26. Oktober. Ferner heisst es in den Notae sepulcr. Bamb. (Mon. Germ. XVII 642); „Anniversarium (sc. Lupoldi) peragitur ante festum Simonis et Judae", womit wahrscheinlich der 27. Oktober gemeint ist. — Nach der letzteren Quelle (ibid.) ist die Leiche Lupolds im St. Peterschor der Bamberger Domkirche neben dem Grabe des früheren Bischofs Lupold I. von Grindlach beigesetzt worden.

VITA.

Natus sum Felix Joël die 24 mens. Octobris h. s. anno LXVI in villa Zankenczin apud Gedaniam sita patre Gustavo matre Natalia e gente Meyer, quos adhuc superstites esse gaudeo. Fidem profiteor evangelicam. Nonnullos annos privatim eruditus per quattuor annos sex menses gymnasium urbanum Gedaniense, deinde per quinque annos sex menses gymnasium Friderici-Guillelmi Berolinense frequentavi. Maturitatis testimonio instructus vere anni LXXXVI Halae universitatis civibus adscriptus sum, ut praecipue historiae studio incumberem. Vere anni LXXXVII ad universitatem Gottingensem me contuli, ubi per sex menses idem studium egi. Quod porro tractavi Halis, quo autumno anni eiusdem LXXXVII redii, per quattuor annos. Magistri mei doctissimi fuerunt:

Halis: Conrad, Doutrepont, Droysen, Dümmler, Erdmann, Ewald, Haym, v. Heynemann, Hertzberg, Kirchhoff, Lindner. Löning, Meyer, Odin, Schum, Stumpf, Suchier.
Gottingae: Cloetta, Kluckhohn, Peipers, Weiland.

Seminarii historici utriusque huius universitatis fui sodalis. — Omnibus illis viris optime de me meritis, maxime vero Th. Lindner, summas gratias nunc habeo et semper habebo.